Dieu… et après ?

Religions et Spiritualité
fondée par Richard Moreau,
Professeur émérite à l'Université de Paris XII
dirigée par Gilles-Marie Moreau

La collection « Religions et Spiritualité » est généraliste et publie des ouvrages qui concernent tous les grands courants religieux : christianisme (catholicisme, orthodoxie, protestantisme), mais aussi bouddhisme, islam, judaïsme...

Elle couvre différentes disciplines : théologie, histoire, spiritualité, droit canon, essais et témoignages.

À travers la multiplicité des approches et des styles, elle souhaite étudier le fait religieux aussi bien sur le temps long qu'autour des débats les plus actuels.

Dernières parutions

Giscard Kevin DESSINGA, *Humaniser la vie consacrée. De la grâce des origines à la rareté des vocations aujourd'hui*, 2024.

Marina Copsidas, *Le Christ Pantocrator, Nouvelle édition*, 2024.

Elisabeth SMADJA, *L'Esprit saint de la Torah aux Evangiles. Dans le souffle hébraïque de son nom*, 2024.

Gérard LAMBIN, *Les Hyperboréens, Du mythe à l'histoire*, 2023.

Joël HILLION, *Qui dit-on que je suis ? Le mystère Jésus*, 2023.

Elefthérios ANYFANTAKIS, *La théologie de l'unité chez les pères apostoliques. Clément de Rome, Ignace d'Antioche, Pasteur d'Hermas*, 2023.

Arnaud Guy AGBOSSAGA, *Les défis du salut dans l'Eglise catholique au Bénin. Le cas du phénomène Banamè*, 2023.

Bernard NARBEY et Guy SICHLER, *De la ferveur religieuse des gens du Haut-Doubs. Des manifestations de l'esprit religieux, d'autrefois à aujourd'hui*, 2023.

Thibault DE VALROGER, *Conversation sur la Foi*, 2023.

Judith GUERRY, *Le Temple de Jérusalem. Héritages*, 2023.

François BATUAFE NGOLE, *Évangiles synoptiques. Introduction à la lecture scientifique*, 2023.

Gloria Youssef DOUAIHY, *Sexualité et vie consacrée*, 2023.

Giscard Kevin Dessinga

Dieu... et après ?

La foi à l'épreuve de la précarité en Afrique

© L'Harmattan, 2024
5-7, rue de l'École-Polytechnique ; 75005 Paris
http://www.editions-harmattan.fr
ISBN : 978-2-336-44350-8
EAN : 9782336443508

INTRODUCTION

Un vieil adage de la philosophie classique affirme qu'un problème bien posé est déjà à moitié résolu[1]. Cet adage n'a semblé plus justifié qu'en ce qui concerne la question qui va nous préoccuper.

En effet, le libellé courant de l'annonce de Dieu en Afrique est le suivant : « Chers frères et sœurs, la paix du Christ ! Dieu s'adresse en ce jour à chacun de nous, il nous interpelle. Il ne devrait qu'en être ainsi. La raison est simple, simple à comprendre. Dieu est notre Créateur, notre Père. Dieu est Amour, vous aime, nous aime… Le Christ est venu et est mort pour nous, pour nous sauver, nous libérer, nous racheter… tout cela par amour. Tout simplement. Avec Jésus, la vie est faite et fête… ouvrez vos cœurs, accueillez son amour et surtout n'oubliez pas de vous convertir. » Pour terminer, le prédicateur dit : « Que Dieu vous en donne la grâce. Amen. »

Et l'on s'attend à un accueil ferme et déterminé, engagé et engageant l'existence entière de ceux à qui cette annonce est faite. Disons-le tout net, sans tergiverser, en commençant : cette façon d'annoncer Dieu est détestable. Au demeurant, que fait-on si ce n'est demander à l'interlocuteur de chanter les louanges d'un Dieu qu'il connaît et qu'il est censé connaître, un Dieu qui a tout fait et qui fait tout pour lui. La réponse à cette annonce prend usuellement un accent ambigu, théorique et superficiel. L'interlocuteur répond – souvent avec enthousiasme et folklorisme – qu'il croit en l'existence de ce Dieu bon et même très bon parce qu'il est Amour. *Preuve* : il se fait baptiser. Puis on remarque que par la suite, sur le plan pratique et surtout quand arrive le moment de témoigner de ce Dieu de sa croyance, il hésite, tâtonne, balbutie, fait tout et dit tout comme si ce Dieu n'existait pas, comme si

---

[1] J. MILET, *Le Problème de Dieu en notre temps*, in *Le Monde moderne*, 15, 1977, p. 94.

ce Dieu n'existait plus. Un Dieu qui, du reste et selon lui, n'a rien à voir avec ses préoccupations existentielles.

Certes, tous les peuples se sont interrogés d'une façon ou d'une autre, au cours des âges, pour savoir s'il n'y aurait pas quelque réalité qui subsisterait au-dessus des hommes. Les intentions de chacun, à chaque époque et dans chaque contexte particulier, se sont alors trouvées dictées par les préoccupations qui prédominaient. Ainsi, les peuples chasseurs se sont demandé s'il n'y avait pas un *« maître des chasseurs »*, pourvoyeur des gibiers, plus fort que le pauvre être humain. Les peuples maritimes ont cherché s'il n'y avait pas un *« maître des océans »*. Les peuples artistes ont rêvé d'un *« grand artiste »*. Les peuples pêcheurs ont toujours pensé qu'il existe un *« maître pêcheur »*. Chacun de ces peuples, en somme, pose la question qui l'intéresse ; et il n'est pas exagéré de dire que la réponse est déjà inscrite, implicitement et en filigrane, dans la forme même que prend la question. Pour reprendre à notre compte un mot bien connu, nous dirions volontiers à chacun des humains : « Dis-moi ce que tu entends par Dieu… et je te dirai, qui tu es[2]. »

Que faire alors ? Il convient à juste titre, pour ce qui nous concerne, de nous interroger sur quel Dieu dire aux peuples qui souffrent, à une Afrique embourbée, victime d'injustices de toute sorte. Bref, quel Dieu annoncer à une Afrique sous embargo : l'embargo de l'expression, de la guerre, de la faim, alimentaire, sanitaire, politique, économique, embargo de l'enclavement… l'embargo de l'embargo. Plus crûment, la question peut se poser ainsi : que signifie évangile, c'est-à-dire « Bonne Nouvelle » pour des hommes, des femmes et des enfants soumis quotidiennement à la triste nouvelle de la faim, de la soif, de la précarité des structures sanitaires et scolaires et de la guerre ? Comment annoncer le Dieu de

---

[2] J. MILET, *Le Problème de Dieu en notre temps*, p. 94-96.

la vie aux hommes marqués par la mort sous toutes ses formes ? De quoi et de qui parlons-nous quand nous disons à un enfant mal-aimé que Dieu est Amour ? Quel Dieu annoncé dans un contexte où loin de défendre, le pouvoir politique rançonne et opprime un peuple renfermé dans une ignorance sauvage allant jusqu'à oublier ses droits fondamentaux et les plus élémentaires ? Comment oser, ne fût-ce qu'oser parler amour et justice de Dieu dans un monde où l'homme est pour son frère une menace et un danger de mort ? Par où commencer ? Comment trouver un langage sur Dieu qui plonge ses racines dans la pauvreté injuste dans laquelle s'embourbe l'Afrique ?

Toutes ces interrogations peuvent se ramener à une seule que nous empruntons, du reste, au cardinal Thiandoum dans son rapport introductif au synode africain : « Église en Afrique, que dois-tu devenir maintenant pour que ton message soit pertinent et crédible[3] ? »

Bien entendu, il ne s'agit pas ici d'une simple interrogation issue d'une réflexion abstraite, mais bien de l'enjeu de toute annonce de Dieu aujourd'hui en Afrique. Tel, nous semble, le grand débat du continent. Au fait, c'est à partir de ces interrogations qu'il convient de se poser la déroutante, délicate et percutante question du sens de la foi chrétienne dans la situation actuelle de l'Afrique.

Nous vivons, en effet, en Afrique une véritable apocalypse. Non seulement la misère nous accable et nous est imposée mais aussi et surtout nous sommes en plein dans ce que nous osons appeler « le temps de l'indécision ». La pluralité des choix et options, la complexité de la réalité et la virulence des défis à relever sont telles que le risque est constant et permanent ou de se donner et de s'adonner à tout ou alors carrément de dé-

---

[3] J.-M. ELA, *Repenser la théologie africaine. Le Dieu qui libère*, Karthala, Paris, 2003, p. 10.

missionner. C'est sans doute dans ce contexte multi-facial que la question de Dieu rebondit avec un accent tout particulier : quel Dieu annoncer et comment l'annoncer ? Et s'il faut l'annoncer, par où commencer ? En l'annonçant, sur quel clavier s'appuyer ? Question de Dieu, question de son annonce, enjeu d'une telle annonce et les implications qui en découlent, voilà plus ou moins en quels termes et avec quel élan nous entendons organiser et donner fond, forme et contenu à notre argumentation.

De toutes les façons, on pourrait et on devrait sans fausse modestie et par amour pour la vérité dire et avouer que la réalité africaine fait et pose problème. C'est l'autopsie de cette réalité pour mieux la comprendre qui nous intéresse. Un regard perçant et intéressé jeté en passant sur la situation africaine révèle sans effort aucun que l'Afrique ne cesse de crier au secours.
Au regard de ce phénomène effroyable et traumatisant, nous sommes absolument convaincu que notre foi au Dieu de Jésus-Christ ne peut pas et ne peut plus se vivre et se comprendre théoriquement et poétiquement, d'une manière récréative. Si elle est vraiment foi au Dieu de la vie et qui appelle à la vie, elle devra nécessairement, et sans excuse aucune, rencontrer les questions décisives et existentielles ainsi que les aspirations de l'homme africain. C'est donc dans l'histoire même de l'homme africain, aux prises avec un destin tragique qui devient par ce fait même un fardeau, que nous devons lire, dire et interpréter les signes que Dieu nous donne pour nous attacher à Lui et Le suivre. L'intérêt d'un tel travail qui consiste à re-voir et à re-penser la manière et le style de dire Dieu aux hommes qui vivent la mort au quotidien n'est donc pas à démontrer, étant donné que l'illogique de la réalité l'exige vaillamment. Sur ce, nous partirons du drame africain, ce que pensent, disent et

racontent les Africains au quotidien. Notre attitude : l'écoute. Ensuite nous analyserons le contenu du discours sur Dieu et son écho dans le chef d'hommes et de femmes pour qui vivre est un sursis. De là, en partant des espérances possibles que suscite ce même contexte, l'analyse nous portera à proposer sous forme de défi quelques issues de sortie de crise.

Du reste, pour mener à bien une telle entreprise d'exploration, nous voudrions rassembler notre propos en trois axes. Nous voudrions d'abord amener chacun à se rendre à l'évidence sur la situation qui est celle de l'Afrique aujourd'hui. À cet effet, nous partirons de la réalité africaine, des inquiétudes, des enchantements et des désenchantements propres aux Africains ; puis fournir le cadre idéal du procès de l'annonce de Dieu dans un tel contexte et les enjeux qui en découlent ; nous essaierons, enfin, de dégager quelques orientations pour un avenir flamboyant et verdoyant.

CHAPITRE I : UN CONTINENT EN PLEINE MUTATION

Introduction

« L'Afrique doit être ensorcelée », conclut brutalement et avec éclat de voix l'un de nos étudiants au terme d'une longue discussion que nous avons eue avec lui. Eu égard à notre étonnement qui s'était traduit par un silence inhabituel, il s'est vu obligé de s'expliquer : « s'il n'en était pas le cas, on ne comprendrait pas les malheurs qui l'acculent et les souffrances qui l'assaillent ». Conclusion forte et embarrassante. Elle stigmatisait de façon profonde le drame africain. Parce que forte, elle nécessite une profonde méditation. Embrassante, elle nous secoue et nous porte à réfléchir avec délicatesse. Depuis lors, chaque fois que le mot Afrique est prononcé, cette conclusion retentit et résonne encore en nous. C'est sans doute dans le constant souci de la comprendre que nous comptons organiser les principaux axes de ce premier moment de notre propos. Nous partirons en effet d'une autopsie de la réalité africaine dans le but de ramener à la surface les lieux de la mort de ce continent et, par un jeu de traversée vers le pays de l'aurore, nous postulerons, dans la quête d'une sortie heureuse, les principales aspirations du peuple africain qui lui permettent de tenir debout, par-delà l'obscurité de son existence dramatique.

Un rendez-vous manqué ?

C'est devenu une exubérance et comme une fierté de dire que la conception bantu du monde est vitaliste en ce sens qu'elle est fortement centrée sur le concept de « vie ». Placide Tempels, dans son livre pionnier en la matière, *La Philosophie bantu*, s'est réjoui d'avoir trouvé ce qui constitue l'étoffe ontologique du Ntu, et partant du noir africain, sa caractéristique ontologicovitale : la force vitale[4].

Pour le muntu donc, cela va de soi, la vie est une valeur à sauvegarder, à défendre et surtout à promouvoir à tout prix. Vivre sans cesse et toujours, voilà le projet existentiel du muntu. À cet effet, plus de force vitale on a, écrit avec justesse le père jésuite Nzuzi Bibaki, plus on est muntu, plus on est homme, plus on est heureux[5]. Dans cette même veine, Kabasele Lumbala asserte :

> « La vie est l'aspiration fondamentale dans nos cultures. C'est cela qui explique l'optimisme étonnant de nos peuples ; quelles que soient les conditions d'existence, ils tiennent à la vie, et pensent qu'elle vaut toujours la peine d'être vécue[6] ».

Il sied de noter tout de suite que la vie dont il est question ici est une vie pleine, plénière et intègre ; bref une vie heureuse et harmonieuse. Le mot « vie » domine tellement la mentalité africaine, qu'on l'entend à longueur de journée, en particulier dans les langues où l'on se salue justement en se souhaitant la vie. C'est ainsi qu'en langue luba, par exemple, lorsqu'on salue quelqu'un, on lui dit : « moyo webe » (À vous la vie). Et celui qui est salué répond : « E moyo » (Oui la vie). Et par politesse, il salue à son tour : « webe pebe au » (À vous aussi la vie). La réponse reste la même : oui la vie. Et comme c'est à chaque instant qu'on se rencontre et qu'on se salue, c'est donc tout le temps qu'on parle et qu'on entend parler de

---

[4] P. TEMPELS, *La Philosophie bantoue*, Présence Africaine, Paris, 1949, p. 30.
[5] Nzuzi BIBAKI, *Culture noire-africaine et réflexes inculturateurs*, Baobab, Kinshasa, 1999, p. 10.
[6] F. KABASELE LUMBALA, *Rencontre Nord-Sud, une graine d'Évangile*, Baobab, Kinshasa, 1996, p. 69.

vie[7]. Comme on peut bien s'en rendre compte, dans un tel univers, la souffrance, l'incompréhension, la crise, bref la mort sous toutes ses formes est un ennemi non pas à convaincre mais à vaincre parce qu'elle est sans conteste une entrave à la force vitale. D'où il faut en chercher les causes en vue d'une thérapeutique immédiate et durable. Le bien-être dans ces conditions, et dans un tel contexte, est donc non pas souhaité, mais voulu et cherché, même avec acharnement.

Et pourtant, la réalité sur terrain semble nous dire le contraire : l'Afrique est prise en étau dans et par une spirale de la misère. À un certain niveau de la réflexion, on a comme l'impression que tous les maux se sont fixé rendez-vous en Afrique. Edem Kodjo le dit et l'avoue sans complexe lorsqu'il écrit :

> « L'Afrique aujourd'hui se débat. Son destin semble incertain, et précaire son avenir. Partie intégrante du monde, elle en paraît cependant exclue […]. Refuge de nos doutes et de nos interrogations, son sort est un ailleurs inconnu qui semble voué à l'ossification et qu'habite la désespérance[8] ».

Peut-on et doit-on alors parler d'un rendez-vous manqué ? Admettons que cela soit vrai, comment le justifier ? À la rigueur, comment concilier aspiration à la plénitude de la vie avec la mort vécue au quotidien ? Comment concilier repos aspiré et fatigue endurée ? L'Afrique, dit-on, aime la vie, aime vivre, coûte que coûte. Et pourtant, en réalité et au vrai, elle meurt et se meurt. Comment comprendre une telle contradiction entre aspiration au bonheur et passivité, voire complaisance dans la misère ? Ceci nous amène à la nécessité d'ébaucher le point suivant.

---

[7] F. LUFULUABO, *Valeur des religions africaines selon la Bible et selon Vatican II*, Saint Paul Afrique, Kinshasa, 1967, p. 69.
[8] E. KODJO, *… Et demain l'Afrique*, Stock, Paris, 1986, p. 11-12.

Une civilisation de l'anathème : essai d'autopsie

Ce n'est un secret pour personne. Cette vie qui, comme nous venons de le voir, constitue l'étoffe du regard qu'a l'Africain sur le monde, sur lui-même et sur les autres, est aujourd'hui menacée à plus d'un titre à telle enseigne qu'on est arrivé à dire que l'Afrique est malade d'elle-même et à se demander : l'Afrique va-t-elle mourir[9] ? De toutes les façons, ce qui est sûr et assuré est que notre continent est en situation de crise réelle et profonde dans presque tous les domaines. Il en résulte, cela va de soi, une vulnérabilité générale chez l'Africain sous forme de tourbillons politique, spirituel, moral, culturel, économique et même cosmique. Chacune de ces crises se manifeste comme des besoins et des aspirations avec son lot de misère et son chapelet de déboires.

Pesanteurs politiques

La situation politique qui prévaut de nos jours en Afrique et cela, de manière générale, laisse beaucoup à désirer. Comment se fait-il, se demande Kä Mana avec amertume, qu'avec tant de chefs que, récemment encore, nous célébrions pour leurs « charismes », leurs « talents », leur « clairvoyance » sans faille et leur finesse dans l'orchestration de leur propre gloire, nous soyons encore un des continents où le pouvoir est séparé des problèmes réels, enfermé dans une idée mythologique et fétichiste de lui-même[10] ? En effet, avec des systèmes politiques en panne et qui résistent au dépannage, avec un bilan quasiment catastrophique et criard, l'Afrique noire présente un paysage politique qui suscite de nombreux

---

[9] Ici nous pensons au célèbre ouvrage de Kä Mana, *L'Afrique va-t-elle mourir ?*, Cerf, Paris, 1991.
[10] Kä MANA, *L'Afrique va-t-elle mourir ?*, p. 34.

prophètes de malheur. L'Église n'est pas restée indifférente à cette situation de fait. L'Épiscopat africain s'interroge à cet égard :

> « La politique n'est-elle pas devenue, pour bien des dirigeants, la voie propre de la dictature, du totalitarisme, de l'oppression des faibles […] ? La liberté d'expression, le droit à l'information sont devenus les attributs dont les peuples ne jouissent qu'incomplètement ou pas du tout. Dans les pays où les constitutions sont bafouées la personne humaine devient alors le vil jouet d'un pouvoir incontrôlé qui pèse de tout son poids sur les esprits et les corps[11] ».

On le perçoit assez vite, la quasi-totalité de la classe politique africaine fait du bricolage en politique. Et d'ailleurs, le carriérisme politique n'est-il pas devenu l'unique, sinon la principale voie de l'enrichissement à peu de frais et à bon marché en Afrique ? Les gouvernants noirs dirigent leurs propres pays comme des touristes et des mercenaires. Edem Kodjo le dit crûment : « L'Afrique offre généralement au monde extérieur, dans l'organisation du pouvoir politique, l'image angoissante du "despotisme obscur[12]" ». Ici chez nous, les constitutions dansent au rythme de chaque régime imposé généralement par la tyrannie militaire. Les très beaux et élogieux discours sur la démocratie, le progrès social, le désenclavement de l'arrière-pays, le bonheur pour tous et la bonne gouvernance qui alimentent les campagnes électorales sont restés et restent vains, silencieux, stériles et ennuyeux. Bref, les changements apportés dans les États sont demeurés morphologiques et théoriques, éloignés des enjeux réels et des impératifs existentiels. Théâtralisation de la vie publique, politisation de la justice et de la vie sociale, légalisation de la corruption, évasion fiscale, déni

---

[11] J.-M. ELA, *Ma foi d'Africain*, Karthala, Paris, 1985, p. 158.
[12] E. KODJO, *… Et demain l'Afrique*, p. 153.

de la réalité, népotisme, arrivisme, mensonge d'État, arrogance des parvenus... autant d'ingrédients qui alimentent la vie politique au quotidien.

Et quand l'homme est opprimé, quel Dieu va-t-il louer ? Sans doute un Dieu qui soulage psychologiquement. Telle est la leçon apprise à l'école de mon grand-père Mwenè Okouelé Ma Lebonzo La kiwa.

Pesanteurs religieuses

De nos jours, il serait mieux de parler en Afrique du marchandage religieux dans la stricte mesure où celui qui a une Bible se sent la vocation à être « pasteur ». Godefroid Munima a des mots justes pour qualifier cette situation de fait lorsqu'il affirme sans complaisance que nous vivons aujourd'hui en Afrique le « Moyen Âge des temps modernes ». Aussi, écrit-il :

> « C'est de nouveau le monde de la religiosité populaire, celui de la foi ardente et naïve se caractérisant à l'extérieur par des comportements typiques : la prolifération des sectes et mouvements mystiques ; l'errance religieuse très fréquente chez les croyants instables, sans oublier l'irrésistible phénomène d'une "double vie" caractéristique à notre époque[13] ».

Au-delà de toute légitimité qu'on lui aurait attachée, le messianisme africain n'est pas moins redoutable que d'autres phénomènes qui accompagnent et aggravent la paupérisation du continent noir. En vue de se maintenir, la religion émotionnelle, entretenue par des campagnes d'évangélisation intempestives et des veillées de prières nocturnes et triomphalistes, devient non seulement un exécutoire, mais encore et surtout une anesthésie générale appliquée aux peuples pour les aliéner. Puisque Dieu devra désormais s'occuper des affaires humaines, l'homme n'a plus qu'à danser et à lever les mains vers le ciel en attendant les bons services divins. C'est ici et ici seulement qu'il faut se situer pour comprendre Kä Mana lorsqu'il asserte : « La crise africaine est donc aussi une crise de la vie de l'esprit[14] ».

---

[13] G. MUNIMA MASHIE, *Prêtre prisonnier de la tribu*, Ed. Baobab, Kinshasa, 1996, p. 14.
[14] Kä MANA, *L'Afrique va-t-elle mourir ?*, p. 33.

Du côté de l'Église établie aussi les choses ne vont pas non plus bon train. Kä Mana n'est pas loin de la vérité lorsqu'il s'interroge :

> « Comment est-il possible qu'ayant chez nous un christianisme en passe de devenir le plus quantitativement important de la planète, nous ne puissions pas offrir au monde autre chose qu'une spiritualité de danse et de tambours, d'ivresse délirante et d'enthousiasme sans bornes, un folklore de consolation et de rêverie doublé de revendications théologiques contradictoires et inutilement bruyantes[15] ? »

Dans cette même perspective, la relation de l'Afrique au christianisme semble aussi teintée de complaisance et de superficialité, elle semble beaucoup plus nominale que réelle, émotionnelle que rationnelle, théorique que pratique. Au vrai, si vous interrogez des hommes et des femmes qui se réclament du Christ : « Que signifie pour vous être chrétien ? » Que répondent-ils ? Un personnage du roman de Ferdinand Oyono *Une Vie de boy*, à qui son patron demandait « Es-tu chrétien ? », répond : « Oui, je suis chrétien comme ça ! – Comment chrétien comme ça ? – On m'a baptisé, et je porte un nom de blanc[16]… » Être chrétien comme ça, être chrétien seulement, être baptisé et avoir un livret de baptême, porter un nom de blanc, le nom d'un saint dont on ignore tout sauf le nom, voilà qui fait la facture de l'adhésion au christianisme de certains chrétiens, du moins ceux qui ont le courage de le dire haut et fort. Cela va de soi, une foi embrassée comme ça court le risque d'être abandonnée comme ça. Non seulement elle risque d'être abandonnée comme ça, ce qui en fin de compte et par-delà tout reste une option libre, mais surtout c'est une foi hésitante, tâtonnante, encline au syncrétisme. Qu'il suffise ici

---

[15] Kä MANA, *L'Afrique va-t-elle mourir ?*, p. 34.
[16] M. HEBGA, *Dépassements*, Présence Africaine, Paris, 1978, p. 12.

d'évoquer l'état de « prostitution religieuse et confessionnelle » auquel aboutit une pratique de foi qui s'avère incapable de susciter un langage à partir de l'espace où l'âme africaine vibre et respire. « Chrétiens, vous voilà malheureux ! Amulette en poche, scapulaire au cou[17] ! » Cette chanson congolaise révèle et traduit le drame et la duplicité de la majorité des chrétiens négro-africains.

Et quand la relation à Dieu devient une complaisance, que reste-t-il de la morale ?

Pesanteurs psychologiques et morales

Certaines bases morales qui régissaient la vie en société et les relations entre les hommes connaissent un ébranlement total aujourd'hui. Du coup, la société ne connaît plus l'harmonie que lui procurait l'observance des coutumes et des croyances établies par les ancêtres. Insatisfait, comme abandonné à lui-même, l'Africain recherche aujourd'hui ce qui paraît le mieux correspondre à ses besoins et aspirations d'harmonie, de participation et de vérité intégrale[18].

La jeunesse africaine en particulier, principale victime de cette désintégration éthique presque totale et complète, se voit obligée de suivre des références morales et axiologiques réglées par le moment et chacun à son échelle de valeurs et de règles éthiques dont les maîtres d'orchestre sont les musiciens, les footballeurs, les boxeurs et d'autres idoles modernes que célèbre la publicité. À y voir de plus près, les aspects de cette crise morale sont pluriels. Toutefois, nous pouvons en stigmatiser deux qui nous semblent les plus fascinants. Il y

---

[17] J.-M. ELA, *Ma foi d'Africain*, p. 174.
[18] J. BOUEKASSA, Sectes au Congo : causes et pastorales, in *Spiritus*, n° 115, 1964, p. 167.

a tout d'abord la perte du sens de l'effort avec, cela va de soi, ses corollaires : la quête des facilités et une morale de situation où, justement, c'est le « maintenant » qui nous dicte ce qu'il faut ou ne pas faire, pourvu que la survie soit assurée et rassurée. La crise morale actuelle est aussi une crise de modèle. La société n'offre plus à l'homme des modèles valables de référence, d'identification. Bref, chacun est devenu à lui seul son propre modèle et refuse de voir les modèles qu'il y a. Il sied également de souligner avec insistance que cette crise morale actuelle est avant tout une crise d'autorité. Ces mots du théologien allemand Hans Küng méritent et nécessitent d'être pris au pied de la lettre :

> « Quelle autorité peut se prévaloir aujourd'hui d'être incontestée ? Jadis il suffisait de dire : le pape, l'évêque, l'Église dit ; ou le maître, le professeur, le père dit… ; qui prétendrait aujourd'hui mettre fin à une discussion, voire à une démonstration, en faisant ainsi appel à l'autorité[19] ? »

Il en découle un relativisme consommé et toléré. Abondant dans le même sens, et analysant la tentative à vouloir fonder une éthique purement rationnelle comme l'ont souligné et le souhaitent les gourous modernes, où l'éthique traditionnelle devient de plus en plus affaire d'un passé, croit-on, qui n'engage plus en rien ; passé et dépassé ; le théologien allemand émet un avis sévère et inquiétant qui sonne l'alarme :

> « On ne saurait justifier pourquoi la liberté serait meilleure que l'oppression, la justice meilleure que la soif du profit, la non-violence meilleure que la violence, l'amour meilleur que la haine, la paix meilleure que la guerre. Ou, plus crûment : pourquoi n'aurait-on pas aussi le

---

[19] H. KÜNG, *Pourquoi suis-je toujours chrétien ?*, Le Centurion, Paris, 1988, p. 11-12.

droit de mentir, voler, commettre l'adultère et tuer si nous y trouvons notre avantage ou notre bonheur personnel[20] […] ? »

Tel est le drame moral dans lequel baigne, sans moyen d'en sortir – hélas – l'homme moderne en général et l'homme africain en particulier.

Pesanteurs culturelles

Comment entendre et comprendre ce tourbillon culturel ? Sur quel pied danse-t-il ? Quel masque porte-t-il ? Telles sont en filigrane et de manière discrète les interrogations qui donnent ossature, ton et forme aux analyses ci-dessous. C'est en fait la plus grave et la plus importante crise que traverse l'Afrique : elle influence toute la vie, stabilise et déstabilise l'imagination du Négro-Africain. L'on peut affirmer sans risque de se tromper que l'Afrique vit une crise d'identité sans précédent. Les apports des autres nous arrivent tous à la fois au risque d'étouffer notre propre culture. Au prix de bien des déchirements, nous sommes contraints de nous ouvrir aux autres. Mais quoi choisir et quoi laisser ? Comment réaliser et opérer une synthèse harmonieuse, cohérente et vivifiante au milieu de tant d'éléments disparates ? Il en résulte, écrit Bouekassa, révoltes, refus et mécanisme de protection[21].

Par ailleurs, il importe de souligner que le tourbillon culturel africain n'est rien d'autre que la retombée d'une rencontre mal négociée de notre culture avec la modernité qui l'épate. À cet effet, il ne faut donc jamais isoler la crise culturelle de l'ensemble de la crise dans laquelle est plongé notre cher continent. S'inscrivant

---

[20] H. KÜNG, *Pourquoi suis-je toujours chrétien ?*, p. 13.
[21] Cf. J. BOUEKASSA, *Sectes au Congo : causes et pastorales*, p. 166.

dans cette perspective de la crise, fruit d'une rencontre avortée, Mgr Bakolé stigmatise :

> « Les structures mentales, la "logique", sous-jacentes à une société technique, urbaine, industrielle, etc., sont souvent incompatibles avec celles de la société orale. Il y a crise culturelle dans la mesure où les produits et les techniques de la modernité restent comme un corps étranger dans une société encore privée d'une culture capable de les intégrer ou de les produire. Nous vivons dans beaucoup de domaines par procuration, et notamment au niveau des structures mentales[22] ».

Loin d'opérer des choix conséquents et porteurs d'un souffle nouveau, l'Africain semble se plaire et se complaire dans le répétitif avec la nostalgie comme mode d'être au monde. Ce qu'il oublie et qui, justement fait son malheur et bloque sa marche, c'est la grave vérité selon laquelle les traditions sont à réinventer sans cesse au lieu de les gober comme des institutions stables, immuables et données une fois pour toutes, absolues et intouchables. L'heure est plus que jamais venue où elles doivent être soumises à un processus de créativité, d'ouverture et de dépassement. Comme le dit avec raison Ela :

> « s'il est vrai que nous n'avons pas à chercher notre avenir dans le passé des autres, nous ne devons pas oublier que, pour tout groupe humain, la culture n'est pas quelque chose qui a été fixé une fois pour toutes : c'est l'expression de la vie d'un peuple dans l'histoire, avec ses continuités et ses ruptures, ses tensions et ses défis[23] ».

---

[22] BAKOLE WA ILUNGA, Discours d'ouverture, in *Crise morale et vie économique au Zaïre, Actes de la deuxième rencontre des moralistes zaïrois*, Kinshasa du 11 au 16 novembre 1985, p. 12.
[23] J.-M. ELA, *De l'assistance à la libération*, Épiphanie, Kinshasa, 1982, p. 16.

Entreprise dure et rude, nécessitant des renoncements et des ruptures profondes. Ce que l'Afrique a du mal à faire au point où, malgré les efforts déployés en vue de dégager et de mettre en relief la dimension culturelle du développement, on peut se demander si cette observation du Sénégalais Papa Gueye N'Diaye n'est pas plus actuelle que jamais :

> « L'Africain de la tradition, immergé sans transition dans le tourbillon de la civilisation industrielle, se trouve déraciné près de ses propres racines. Il est à la fois l'étranger et l'autochtone [...] il est le produit de la superposition de deux cultures et il se rend bien compte qu'il doit les assumer toutes deux pour vivre. Bref, il est devenu soudain autre[24] ».

Au demeurant, sans références claires et cohérentes, l'Africain est *« entre les eaux »* selon l'heureux et fameux titre d'un roman de V. Y. Mudimbe[25]. En somme, l'Afrique a une confidence mais ne sait à qui se confier. Tel est le drame africain.

Pesanteurs économiques

Inutile d'insister sur cette crise. Tous admettent qu'elle engendre la pauvreté et la dépendance ainsi que tous ces clivages sociaux (riches-pauvres, patrons-ouvriers, ceux qui ont, ceux qui n'ont rien ou presque rien) de plus en plus prononcés qui entraînent et engendrent chez ceux qui sont le plus touchés un sentiment de frustration et de perte de confiance en soi[26]. La pauvreté, engendrée par un système politique égoïste et budgétivore,

---

[24] Papa GUEYE N'DIAYE, cité par E. KODJO, ... *Et demain l'Afrique*, p. 137.
[25] Cf. V. Y. MUDIMBE, *Entre les eaux. Dieu, un prêtre, la révolution*, Présence Africaine, Paris, 1972.
[26] Cf. J. BOUEKASSA, *Sectes au Congo : causes et pastorales*, p. 167.

il faut l'avouer, est la cause de la plupart des maux dont souffre l'Afrique. Parlant de la crise économique qui secoue l'homme africain au plus profond de son être, Monseigneur Bakole, dans son discours d'ouverture à la deuxième rencontre des moralistes zaïrois, tenue à Kinshasa du 11 au 16 novembre 1985, écrit sans ambages : « Nous sommes entraînés dans un style de vie où les besoins dépassent de tous côtés les moyens pour les satisfaire. Ce qui crée d'une part un régime de pénurie chronique et d'autre part un état de dépendance envers l'étranger[27] ».

Ce qui est sûr et certain parce qu'audible, visible et tangible est que la population est rongée par la misère dans une conjoncture économique qui frappe impitoyablement et avec irrévérence l'ensemble du continent. Pour reprendre à notre compte les mots chers à l'abbé Jerry Lokela :

> « Une crise brise les harmoniques et alanguit les dynamiques de l'existence. Nous sommes dans une situation économique décadente, où le patrimoine hérité de la colonisation est vraiment accaparé par des aventuriers sans scrupule qui n'ont de compte à rendre à personne[28] ».

C'est le drame d'une Afrique essoufflée, malade d'elle-même, une « Afrique mal partie », « une Afrique étranglée », diraient les analystes réalistes et courageux ; une Afrique, en un mot, survivant par la bienfaisance des bailleurs de fonds. Dans cette même veine, Kä Mana se demande, s'inquiète, s'interroge, explore et partant, pose une question de fond :

> « Alors que nous disposons, sans conteste, d'immenses ressources naturelles et d'énormes

---

[27] BAKOLE WA ILUNGA, *Discours d'ouverture*, p. 12.
[28] J. LOKELA LOKBA, *Mon village se meurt*, Inédit, Kole, 2005, p. 21.

ressources humaines, pourquoi sommes-nous encore l'un des peuples les plus pauvres et les plus misérables de la planète[29] ? »

Comment expliquer et comprendre, justifier et fonder en raison un tel paradoxe ? À quoi s'en tenir ? D'où nous viendra le salut ? La réponse à toutes ces interrogations semble venir d'un état d'émiettement intérieur. L'Afrique vit et entretient un hiatus entre ce qu'elle veut et ce qu'elle fait. Edem Kodjo le dit de façon comique mais non sans profondeur et cela, sous forme d'une question :

> « Comment expliquer le vide d'une économie vouée à l'inessentiel qui produit ce qu'elle ne consomme pas et consomme ce qu'elle ne produit pas ; la résurgence de maux séculaires autrefois disparus, le pullulement de fléaux de toute nature, le mimétisme social et culturel qui accentue la spirale de la dépendance, nos propres négligences, nos défaillances de toutes natures[30] ? »

L'inquiétude de Kodjo devient plus grave et se fait lamentation lorsque, réunissant les éléments, il n'arrive pas à conjuguer ensemble une Afrique aux potentialités économiques évidentes, une Afrique qui renforce de ses ressources les économies extérieures avec sa cruelle misère au point où elle est présentée aujourd'hui comme le continent par excellence de la pauvreté absolue.

À mesure qu'il grandit, en effet, chaque Africain prend conscience – malheureusement – qu'il est un héritier non seulement sans héritage mais aussi et surtout chroniquement endetté. Mieux, il n'a qu'un seul héritage : une dette à rembourser. Ainsi que le souligne avec tristesse et amertume Akono, notre continent est l'un des continents – si pas le premier – les plus endettés, qui

---

[29] Kä MANA, *L'Afrique va-t-elle mourir ?*, p. 33-34.
[30] E. KODJO, *... Et demain l'Afrique*, p. 15-16.

soupire après et derrière les grands créanciers afin d'obtenir une annulation du fardeau qui, comme une ombre et un fantôme, accueille le nouveau-né et dont est libéré celui que la mort ravit à la vie. Pour tout dire en une expression, du berceau à la tombe, l'Africain est pris dans les maillons de l'endettement[31]. Le nouveau-né hérite non seulement de cette dette qu'il porte comme un fantôme en rébellion mais aussi les germes d'une vie tropicalisée et la certitude d'un avenir bouché.

Au-delà et à côté de ces tourbillons qui se présentent comme des véritables défis qu'il faut relever et relever à tout prix... pour vivre, vivre pleinement et profondément, le continent africain présente aujourd'hui plusieurs visages, issus certainement de son ouverture et de sa rencontre avec le reste du monde. De là, la complexité du problème africain. Néanmoins, l'on ne saurait passer outre cette multifacialité si l'on veut efficacement annoncer le Dieu de Jésus dans cette terre africaine qui, à force d'essayer de vivre et de survivre, a fini par perdre le goût de vivre. Car, une chose est acquise, une religion qui n'aiderait pas l'Afrique à afficher sur son visage l'éclat de sa traditionnelle et légendaire gaieté serait une idéologie. Tout simplement.

Les nouveaux lieux d'interrogation

La fatigue, la souffrance, les hésitations, bref la mort sous toutes ses formes préoccupent au plus haut point l'homme africain. C'est un fait. L'Afrique se trouve plus que jamais prise dans les filets d'un tourbillon à la fois politique, économique, culturel, religieux et moral : c'est ce que nous avons essayé, tant soit peu, de tabler dans le point précédent. Tout cela suffit-il pour essayer, ne fût-ce

---

[31] Cf. F.-X. AKONO, L'effervescence religieuse en Afrique : une crise du sens existentiel ?, in *Telema*, n° 105, janvier-mars 2001, p. 14.

qu'essayer, de comprendre ce que nous osons appeler « le phénomène africain » ?

Il nous semble qu'à côté de ces tourbillons, l'Afrique présente aujourd'hui d'autres points et lieux d'interrogation qu'il ne faut certainement pas négliger si l'on veut évidemment saisir la complexité du « phénomène africain ». En d'autres termes, la multifacialité de la réalité africaine est telle que le politique, l'économique, le social, le culturel et le moral ne suffisent pas à eux seuls pour en détaler les diverses ramifications. Faire un ramassis, non exhaustif bien entendu, des autres visages que présentent l'Afrique et les Africains aujourd'hui, voilà le point d'intersection et la ligne de front des points que nous développerons ci-dessous.

L'Éclipse du sens ?

Où va l'homme africain ? Qui est-il ? Voilà les deux interrogations qui ramassent assez fidèlement la double acception du mot sens. Le sens, écrit Marcel Neusch, désigne la direction, telle que peut l'indiquer une boussole, mais aussi la signification, telle que l'homme peut la recueillir dans son existence[32]. Autrement dit, nous voulons savoir et comprendre concrètement quel est l'idéal existentiel poursuivi aujourd'hui par l'homme africain et, qui est-il, quelle est son identité, lui qui poursuit cet idéal.

En effet, ce qui est acquis est que la situation actuelle de l'Afrique est celle d'un manque. L'Africain apparaît sous cet angle comme un homme désaxé, sans références sûres et fiables. Le manque de repères dont fait montre aujourd'hui l'Afrique et, cela de manière

---

[32] Cf. M. NEUSCH, *Les Chrétiens et leur vision de l'homme*, Seuil, Paris, 1980, p. 7.

continentale, Jean Ziegler le résume dans une phrase piquante et lapidaire : « l'Afrique est aujourd'hui partout en lutte[33] ».

Ce n'est un secret pour personne. L'Africain demeure sur le qui-vive et comme traqué, il ne sait que faire et quoi faire. On dirait que, sans perspective, pour l'Africain le fameux dicton biblique est au rendez-vous : « À chaque jour suffit sa peine ». Ceci nous fait penser à cette réponse qu'un jeune étudiant avait donnée à notre question de savoir : que feras-tu après la cité de l'univers ? « Pour nous autres universitaires, comme du reste pour tous nos concitoyens, l'espérance est devenue invisible… l'avenir incertain… la vie un fardeau… le bonheur un mot creux et sans contenu. Bref, c'est insensé de vivre. Nous sommes tous des insensés ». Voilà le mot : « Insensés, nous le sommes » parce que vivant dans un monde habité par le non-sens.

Par ailleurs, cette crise d'orientation nous paraît une manifestation extérieure d'une crise plus profonde : la crise de l'homme africain lui-même. L'Africain vit une crise d'identité sans avis ni préavis. C'est ici qu'il faut se situer pour comprendre Edem Kodjo lorsqu'il clame :

> « Coupé de son passé, projeté dans un univers façonné de l'extérieur par une civilisation qui lamine ses valeurs, abasourdi par une invasion culturelle qui le marginalise, l'Africain désemparé est aujourd'hui le reflet formé de l'image d'autrui[34] ».

Son malheur, puisqu'il y en a, est qu'il ignore qu'il s'ignore. La crise d'identité africaine est sans doute aussi, comme nous l'avons déjà noté ailleurs, un des effets de la rencontre ratée, si nous avons encore un peu d'optimisme,

---

[33] J. ZIEGLER, *Main basse sur l'Afrique. La recolonisation*, Seuil, Paris, 1980, p. 7.
[34] E. KODJO, *… Et demain l'Afrique*, p. 139.

sinon de l'affrontement Afrique-Occident. Dans son livre phare en la matière, *La Crise du muntu*, Eboussi Boulaga a su développer et indexer non sans réalisme les harmoniques de cette crise lorsqu'il stipule :

> « L'institutionnalisation de la victoire par la colonisation est celle de la défaite et de la disqualification qu'elle signifie. La dichotomie dominant-dominé se répercute dans toutes les sphères où elle se répète dans l'opposition de ceux qui sont à ceux qui ne sont pas, de ceux qui ont à ceux qui n'ont pas. Le vaincu se définit par ses privations, qui proclament en creux la supériorité du maître, lorsqu'on les énumère. En effet, le vaincu n'a ni arts ni industries ; il n'a pas de science, mais seulement la magie, pas de religion, seulement des superstitions[35] ».

Cela va de soi. Si le civilisé est le négatif du civilisateur, la distance qui les sépare n'est réductible que par l'initiation et l'assimilation qui donneront, comme récompense aux efforts fournis, ce qui fait défaut au civilisé jusqu'à rejoindre le civilisateur dans son univers humain. Mais, comment vouloir devenir l'autre sans cesser d'être soi-même ? Comment être à la fois autre et soi-même ? Telle est « l'aventure ambiguë » dans laquelle s'est lancé l'Africain et à cause de laquelle il est resté un perpétuel hybride.

Hybride, vivant dans un monde sans horizon où chacun, pour essayer de s'en sortir, veille uniquement à ses intérêts, l'homme africain est dans un univers en « vacance de sens ». Bakolé Wa Ilunga le note fort bien :

> « Pour le bien commun, il y a du laisser-aller, mais pour augmenter son profit, on déplace des montagnes ! Le mal aujourd'hui est qu'on n'a

---

[35] F. EBOUSSI BOULAGA, *La Crise du muntu. Authenticité africaine et philosophie*, Présence Africaine, Paris, 1977, p. 16.

plus un objectif social précis. Nous avons perdu un idéal commun, qui porte l'individu. Le sens profond qui soutenait la vie dans les sociétés ancestrales, et les valeurs morales, qui l'animaient, ont cessé d'être le lien entre nous et le principe de notre cohésion[36] ».

Étant donné que le « jeu » d'ensemble ne marche point, ainsi, chacun a son univers de sens, pourvu qu'il survive. La société patine ainsi dans une perte de vitesse et une crise de sens inavouées mais assumées et tolérées par tous et cela au prix d'un potentiel suicide collectif.

Le relativisme triomphant ou le triomphe du relativisme ?

Qu'est-ce que le relativisme ? Le relativisme est l'un de ces mots plus faciles à prononcer mais difficile à définir. Pour le moins qu'on puisse s'accorder – à l'extrême – on pourrait le définir avec le Robert Micro comme une attitude selon laquelle rien n'est absolu et ne saurait s'imposer comme norme à suivre.

Pris sous cet angle, le relativisme se conjugue assez aisément avec le pluralisme. Et justement, nous vivons aujourd'hui en Afrique comme partout ailleurs dans un monde pluraliste. Pluralisme des idées, des options, des convictions religieuses... Qu'à cela ne tienne, il importe de reconnaître en toute honnêteté qu'une telle diversité représente pour notre temps autant de possibilités d'imagination, de créativité et de pensée. Mais ce n'est pas tout. Le pluralisme a aussi son revers. Autant il est enrichissant, alléchant même, autant il est ambigu. Le pluralisme est certainement aussi à la base d'un relativisme de plus en plus toléré et généralisé. Cette

---

[36] BAKOLÉ WA ILUNGA, *Chemins de libération*, Éditions de l'Archidiocèse, Kananga, 1978, p. 23.

constatation de fait est bien stigmatisée par Pénoukou lorsqu'il asserte que dans un régime pluraliste tous les chemins sont bons pourvu qu'ils aménagent celui qui les emprunte. À chacun sa « vérité de foi », pourvu qu'il la trouve efficace et bonne, censée lui assurer le salut éternel ; à chacun sa « vérité politique », pourvu qu'elle maintienne au pouvoir et aide à s'y accrocher ; à chacun sa « morale », pourvu qu'elle soit réaliste et pratique me permettant de vivre sans remords. Ce relativisme déconcertant, conclut Pénoukou, a plongé nos sociétés dans une « kermesse idéologique[37] ». Dans une telle ambiance, la question percutante qui se pose et s'impose à l'homme est celle du choix, un choix qui engage l'existence. Comment s'engager et même oser tout simplement s'engager là où tout, alors tout semble être vrai et faux à la fois ?

    C'est là sans aucun doute l'une des questions-halte qui se posent aujourd'hui en Afrique. Comment être chrétien et s'efforcer de vivre le radicalisme évangélique dans un contexte où tous sont sujets à la misère, à la marginalisation et condamnés à mener une vie sans élan ? Pourquoi ne pas se débrouiller comme tout le monde, faire comme tout le monde, vivre comme tout le monde ? Pourquoi perdre mon temps à prier un Dieu qui n'a jamais répondu immédiatement à mes besoins, comblé mes attentes alors que ceux qui ne s'y intéressent guère trouvent suffisamment de temps pour se débrouiller ? Sans cesse sur les lèvres de certains chrétiens reviennent avec force ces mots d'un des personnages de *L'Aventure ambiguë* : « La misère est, ici-bas, le principal ennemi de Dieu[38] ». Albert Camus y fait directement écho lorsqu'il

---

[37] Cf. E.-J. PÉNOUKOU, *Églises d'Afrique. Propositions pour l'avenir*, Karthala, Paris, 1984, p. 140-141.
[38] CHEIKH HAMIDOU KANE, *L'Aventure ambiguë*, Julliard, Paris, 1961, p. 44.

dit : « Comment pourrais-je chanter les louanges de l'auteur d'une création dans laquelle tant d'enfants innocents sont immolés[39] ? »

Telle est sans doute la grande tentation qui secoue l'homme africain, vu la situation qui est la sienne et, certainement l'une des portes du relativisme qui triomphe aujourd'hui en Afrique. Quel Dieu annoncer dans un contexte où l'homme africain devient de plus en plus convaincu que la recherche de Dieu semble conjuguer avec la dé-mission devant les défis terrestres ? Maurice Cheza n'hésite pas à parler d'un fossé entre vie et foi. Dans une formule heureuse sous forme d'interrogation il dispose :

> « On dit que l'Afrique est très religieuse. En même temps, une partie importante de sa population se débat dans des conditions très difficiles. Par comparaison, l'Europe dispose de beaucoup de richesses et... l'indifférence religieuse se développe. Faut-il mettre une relation entre religion et pauvreté ? Entre indifférence religieuse et richesse[40] ? »

La conclusion s'annonce certes difficile mais inéluctable : mieux vaut chercher à aménager ses conditions d'existence. La vérité dans ces conditions se trouve là où je trouve mon compte.

Quand le village cède le pas à la ville

« L'Afrique va inexorablement vers la ville[41] ». Ce constat de Bernard Joinet est plus que jamais à l'ordre du

---

[39] A. CAMUS, cité par M. J. LE GUILLOU, *Du scandale du mal, à la rencontre de Dieu*, Saint-Paul, Paris-Fribourg, 1991, p. 11.
[40] M. CHEZA, *Vivre en chrétien dans le quotidien*, Éditions Archevêché, Lubumbashi, 1991, p. 3.
[41] B. JOINET, *Les Africains m'ont libéré*, Cerf, Paris, 1985, p. 89.

jour. Les faits en témoignent vaillamment. Il n'y a pas de politique d'autruche à faire. En effet, l'avenir des jeunes Africains se trouve et se joue aujourd'hui dans les villes où tout est concentré. Au terme d'une exploration sociologique et d'une enquête sur le terrain, Ela n'hésite pas lui aussi à dire que le village tend à devenir un centre répulsif pour les jeunes en quête d'avenir[42].

Au demeurant, de plus en plus, les jeunes abandonnent en masse les villages à la recherche d'une autre parole comme le stigmatise avec force cet entretien entre Masimiké et un missionnaire :

> « Pourquoi m'as-tu fait venir ? dit le missionnaire. Masimiké répondit : Tu sais, Père, jadis, nous vivions dans notre village, nous avions la parole pour vivre dans notre village. Quand nous sortions du village, c'était la guerre. Maintenant le lieu s'est ouvert, on peut voyager au loin et revenir, les jeunes vont à Maroua, à Garoua, à Yaoundé, même au Nigeria. La parole du vieillard ne leur suffit plus. Il leur faut une autre parole pour qu'ils sachent vivre […]. Nous, les vieux, nous restons au village avec notre parole ; mais les jeunes, il faut une parole nouvelle[43] ».

En effet, au moment où aux jeunes, il faut une parole nouvelle qui apporterait la réponse à leurs questions actuelles, l'analyse de cette mutation et de ce changement de cap s'impose pour une évangélisation contextualisée. Voilà pourquoi, analysant ce changement de cap, du village vers la ville, Ela fait une remarque suggestive : « l'Afrique se trouve écartelée entre la désagrégation des

---

[42] Cf. J.-M. ELA, *L'Afrique des villages*, Karthala, Paris, 1982, p. 10.
[43] L. V. THOMAS et R. LUNEAU, *Les Sages dépossédés. Univers magiques d'Afrique noire*, Robert Laffont, Paris, 1977, p. 11.

campagnes et l'urbanisation anarchique. L'exode rural est le signe des sociétés en état de désarroi[44] ».

Dans tous les pays africains, il n'est pas exagéré de parler d'une véritable inflation et flambée urbaines[45]. Dans un tel contexte, cela va de soi, l'urbanisation implique des ruptures et des transformations qui affectent les modes de vie, les mentalités, les comportements et les activités[46]. Les conséquences sont désastreuses : perte du sens de la tradition, rupture radicale et profonde avec les manières de penser et de concevoir le monde propres aux ancêtres... Ela tranche : « Les jeunes se détachent des coutumes ou les ignorent[47] ». Continuera-t-on à offrir des sacrifices aux ancêtres pour avoir de la pluie quand on sait que dans une société où la débrouillardise est le mode normal de vie, la pluie est une véritable menace puisqu'elle oblige à l'immobilité ? Nous l'avons signifié dans une étude inédite, *Les déboires d'un innocent* :

> « Ce matin-là, il avait plu, abondamment alors, et les portuaires – comme on aimait bien et on s'était habitué à les appeler – n'avaient pas eu la possibilité de se débrouiller. La faim tenaillait leurs estomacs. Vis-à-vis, un du groupe, sans doute le plus jeune, sinon l'un des plus jeunes, chercha quand même à trouver du boulot pour clôturer cette maudite journée. Un proverbe ancestral ne dit-il pas : croise les bras et tu mourras de faim. Rien à faire, à cause de la pluie, aucune transaction n'était possible[48] ».

On l'aura constaté, la pluie ici n'est pas synonyme de bienveillance ancestrale mais de malédiction. Tout

---

[44] J.-M. ELA, *L'Afrique des villages*, p. 17.
[45] Cf. J.-M. ELA, *L'Afrique des villages*, p. 19.
[46] Cf. J.-M. ELA, *Ma foi d'Africain*, p. 48.
[47] J.-M. ELA, *Ma foi d'Africain*, p. 48.
[48] G. K. DESSINGA, *Les déboires d'un innocent*, inédit, Kolwezi, 2000, p. 13.

simplement. Il suffit d'être attentif aux modes d'être et au langage juvénile pour se convaincre sans effort aucun que dans les quartiers urbains, les nouvelles générations ne savent presque plus rien, absolument rien de ce qui se passait dans les « foyers initiatiques ». Le sens des rites et des proverbes ancestraux leur échappe. Connaître l'Afrique aujourd'hui n'est donc pas seulement s'adonner à l'étude de l'Afrique traditionnelle comme s'il s'agissait d'un objet figé et statique, donné une fois pour toutes. Il nous faut en effet, pour être cohérent avec nous-mêmes et avec les temps qui sont les nôtres, rejoindre cette Afrique qui s'invente dans les espaces urbains, où se dessine une nouvelle figure de l'humanité dans le continent. On doit ici repérer, bien entendu, les signes concrets par lesquels l'homme africain se fait comprendre à travers les langages qu'il se crée afin de marquer les formes de sa présence dans le monde actuel[49].

Une Afrique recolonisée et surexploitée

La violence de la colonisation a été telle que l'homme colonisé, à force de subir des humiliations, a fini par s'y habituer et, finalement, est devenu son propre bourreau. Ce qui est acquis – malheureusement – est que la violence colonisatrice a réifié la conscience de l'homme colonisé. Cela veut dire que les ravages qu'opèrent les significations imposées par le système de violence symbolique à l'individu sont tels que l'homme colonisé devient, quelquefois sans le vouloir, son propre ennemi[50]. Dans une interview, accordée par *Jeune Afrique*, Senghor n'hésitait pas à clamer haut et fort que la dépendance de l'Afrique vis-à-vis de l'étranger est beaucoup plus grave

---

[49] Cf. J.-M. ELA, *Repenser la théologie africaine*, p. 31.
[50] Cf. J. ZIEGLER, *Main basse sur l'Afrique*, p. 27.

que du temps du régime colonial[51]. Indexant l'élite des pays sous-développés, dans cette triste et honteuse dépendance, Pierre Péan fait une remarque judicieuse :

> « Les élites des pays en voie de développement portent une lourde responsabilité devant l'histoire, et d'abord devant leurs peuples. Elles se sont laissé corrompre par les idées et par l'argent. Leur vanité et leur goût du luxe ont généralement été plus forts que la recherche du bien public[52] ».

Il sied de souligner que la re-colonisation dont est aujourd'hui victime l'Afrique a aussi un versant interne. L'Africain est devenu son propre colonisateur. Nous nous rappelons cette simple mais grave question d'une vieille maman au cours d'une recollection que nous avions animée : « Quand est-ce que les indépendances passeront pour que revienne la colonisation ? Là au moins, l'Étranger qui nous dirigeait était impartial. Aujourd'hui, n'est-ce pas l'envers des attentes ? » Exploité et aveuglé, le colonisé devient un moyen dont on se sert dans le pillage de ses richesses[53]. Cela va crûment sans dire que cette re-colonisation est à la fois exogène et endogène. Ela le dit :

> « Il semble difficile à l'Afrique d'aujourd'hui d'échapper à son passé récent. La nuit coloniale continue de porter son ombre immense sur ce vaste continent. L'héritage laissé par colonisateurs n'a pas été rejeté. Les nègres n'ont fait que chausser les bottes des blancs[54] ».

---

[51] Cf. J.-M. ELA, *Le Cri de l'homme africain. Questions aux chrétiens et aux Églises d'Afrique*, L'Harmattan, Paris, 1980, p. 72.
[52] P. PÉAN, *L'Argent noir. Corruption et sous-développement*, Fayard, Paris, 1988, p. 111-112.
[53] Cf. METOGO ELOI MESSI, *Théologie africaine et Ethnophilosophie*, L'Harmattan, Paris, 1985, p. 16.
[54] J.-M. ELA, *Le Cri de l'homme africain*, p. 78-79.

Qui pis est, ils le font le plus souvent, sans gants.
À ce niveau d'approche, le réalisme nous oblige à reconnaître et à avouer que la re-colonisation de l'Afrique avec la complicité de l'Afrique et des Africains est, sans doute, l'un des grands facteurs du sous-développement de l'Afrique. *L'Argent noir* de Pierre Péan porte ce sous-titre révélateur : *Corruption et sous-développement*. Sous-titre très suggestif. Dès les premières lignes de ce livre phare, il écrit sans complaisance :

> « Plus que la peste hier et le sida aujourd'hui, la corruption tue. Pour parler clair (et il parle clair), en détournant à leur profit l'argent public, en méprisant, au-delà de toute décence, l'intérêt général, de nombreuses élites du tiers monde doivent être tenues pour responsables, au moins partiellement, de la misère dans laquelle croupissent au moins deux milliards d'êtres humains. Par un enchaînement pervers et souvent mécanique, la corruption est devenue l'un des facteurs essentiels du sous-développement[55] ».

Jugement très sévère. Pourvu qu'il ne soit pas arbitraire. Telle est bien la triste réalité africaine. Aux injustices et oppressions provenant du dehors par des impérialistes argentés toujours en quête du superflu et avides du lucre, s'ajoute en effet un cortège de misères et de larmes dans cette terre de la soif et de la mort, qui résultent des modes de rapports entre l'État et le peuple, en dépit des programmes de modernisation et des efforts de croissance dont les bénéfices sont confisqués par les élites au pouvoir[56]. Pour l'homme africain donc, l'ennemi n'est plus que l'étranger, mais aussi son propre frère. Les libérateurs d'hier sont ainsi devenus les oppresseurs

---

[55] P. PÉAN, *L'Argent noir*, p. 9.
[56] Cf. J.-M. ELA, *Ma foi d'Africain*, p. 157.

d'aujourd'hui. Comment récupérer une telle situation ? Telle est la question.

Quelle que soit la durée de la nuit...

Le pessimisme n'est pas l'unique attitude conclusive possible. Par-delà la crise, il y a moyen d'espérer. C'est sans doute animés de cette conviction que les Africains, coincés de tous côtés, opprimés par toutes sortes de force du mal en eux et autour d'eux, ne manquent pas pour autant des raisons de vivre, de croire et d'espérer. Il y a deux jours passés, un jeune universitaire nous disait avec force de persuasion : *« dum spiro, spero »*. À l'instar de ce jeune, tous les Africains aspirent de toutes les fibres de leurs cœurs, à être libérés de tout ce qui les opprime et leur empêche de mener une vie si pas facile, du moins supportable. « Libération, est le cri spontané qui sort du cœur de beaucoup[57] », écrivait l'archevêque de Kananga.

De ce qui précède, il appert que dans ce monde dominé par la houle des intérêts, le fait du prince et la volonté de puissance et de domination, dans ce monde mondialisé où les forces morales et spirituelles arrivent à peine à se contenir et à donner une orientation viable et fiable à la société qui de plus en plus s'autonomise, beaucoup de facteurs convergent pour que dans le cœur meurtri de chaque Africain brillent des raisons d'espérer. En effet, que l'on interroge, sans fausse modestie, ses ressources, son potentiel, que l'on se réfère à ses fantastiques paysages naturels et à ses incommensurables richesses que la sécheresse, la famine et la misère d'aujourd'hui ne sauraient oblitérer, qu'il soit fait appel à sa culture pétrie d'humanisme et à sa philosophie de la convivialité, l'on doit convenir, et cela sans hésitation, que

---

[57] BAKOLE WA ILUNGA, *Chemins de libération*, p. 9.

le continent africain, terre de paradoxes, de lumière et d'obscure clarté, par ce qu'il pourrait devenir si ses fils se ressaisissaient, est avant tout ciselé dans la matière qui fait les grandes nations[58].

Au demeurant, il y a lieu d'espérer pour l'Afrique un avenir verdoyant. Cette assertion d'André Fontaine en dit long à ce propos :
> « C'est une des lois de l'histoire que tous les moments de doute et de décadence ont été suivis de périodes de renaissance. Les hommes le savent bien qui ont si souvent trouvé dans l'espoir d'un avenir meilleur les moyens de supporter un insupportable présent[59] ».

Un tel avenir dépend et dépendra énormément de la bonne volonté des Africains à changer leur destin en destinée et à se prendre responsablement en charge. Dans cette ligne, il importe de clamer haut et fort que les Africains ne doivent pas désespérer de l'avenir : ils peuvent, par l'organisation, la méthode et l'effort, le travail et la foi, obtenir de beaux succès pour le continent[60]. Oui, par-delà la crise, il y a lieu d'espérer. L'espérance est le rêve des gens éveillés, disait Aristote en son temps et, justement, à force d'être humilié et de subir les humiliations, les Africains ont enfin compris que l'humiliation ne fait pas partie de la définition de l'homme. C'est sans doute par cette porte et à travers elle que les Africains entendent mener leur lutte de libération. Il est grand temps alors, entend-on dire, de dire Non à la philosophie de l'arachide décortiquée.

Plus que dans un passé assez récent, les Africains croient et sont convaincus qu'il est possible, avec un peu de bonne volonté et de continentalisme, de changer, de

---

[58] Cf. E. KODJO, ... *Et demain l'Afrique*, p. 15.
[59] E. KODJO, ... *Et demain l'Afrique*, p. 57.
[60] Cf. E. KODJO, ... *Et demain l'Afrique*, p. 276.

donner et, partant, d'inventer une société où les masses ne soient plus manipulées et exploitées au bénéfice des riches et des puissants ; une société qui, au contraire, répondrait aux aspirations des hommes à la liberté, à l'égalité, à la solidarité et au progrès culturel. Plus que jamais les Africains croient et ne cessent de se convaincre que les hommes peuvent ensemble « construire une civilisation de l'amour[61] ». Plus que dans un passé assez récent, les Africains croient et ne cessent de se convaincre que les hommes peuvent construire et bâtir ensemble une société où les forces du mal ne l'emporteraient plus sur la force du bien, les forces de mort sur celles de vie. Plus que jamais, les Africains croient et espèrent vivement que les hommes peuvent coopérer et construire leur unité parce qu'ils sont tous égaux. De cette conviction, l'homme africain cherche de plus en plus, et cela dans les frontières de ses forces, à refuser une humanité égoïste où l'argent est la valeur suprême et où une minorité protège ses privilèges au détriment des masses. Oui, l'Afrique rêve d'un nouvel ordre social basé sur la promotion de tous, surtout des pauvres[62]. Tâche difficile. Tâche ardue. On le pressent, mais pas impossible.

Conclusion

Que conclure ?

Au terme de cette enquête, force nous est de dire sans risque aucun de nous tromper que l'Afrique se plaît et se complaît dans un jeu de cache-cache. Les Africains y compris. Plus ils crient solidarité, davantage ils désolidarisent. Plus ils proclament recours aux sources,

---

[61] Conférence de l'Épiscopat latino-américain, *Construire une civilisation de l'amour*, Le Centurion, Paris, 1980.
[62] Cf. P. LEFEBVRE, *Une Route d'espérance*, Saint Paul Afrique, Kinshasa, 1978, p. 10.

plus ils s'éloignent et deviennent étrangers à ces mêmes sources. Plus ils donnent l'impression d'avoir pris conscience du drame de leur existence, plus ils s'enfoncent et leur drame devient dramatique. Plus ils font l'éloge de leur culture, plus ils perdent leur identité. Plus ils cherchent à quitter la misère, plus ils se comportent en ennemis du bonheur.

      Situation angoissante et dramatique. Et pourtant, il faut bien vivre. C'est par là sans doute que surgit la question de Dieu. Oui, là où tous les moyens humains semblent échouer, Dieu est capable de possibiliser l'impossible et ainsi, re-donner courage et confiance. L'invocation de l'archange Gabriel n'est-elle pas devenue la litanie préférée des Africains ? Mais alors, quel Dieu annoncé à un peuple qui a fait de la contradiction et de la misère son mode d'existence ? C'est ici que le problème des enjeux du Dieu à annoncer en Afrique et aux Africains devient pertinent. Comment s'y prendre ? Nous le verrons bientôt.

CHAPITRE II : LES ENJEUX DE L'ANNONCE DE DIEU EN AFRIQUE

Introduction

Changer le monde[63], tel est l'heureux titre de l'ouvrage du père Cosmao, ouvrage que nous avons inséré, depuis que nous l'avons côtoyé il y a une dizaine d'années, dans le registre de nos ouvrages de chevet. Le sous-titre est provocateur et, évidemment, il provoque : *Une tâche pour l'Église*. L'Église est provoquée et, ainsi indexée, elle doit s'impliquer dans la dynamique du changement du visage de ce monde. L'entreprise est certes délicate, néanmoins certaines questions d'orientation s'imposent et nécessitent d'être posées : que faire pour mener à bien et jusqu'au bout une telle tâche ? À quoi s'en tenir et sur quoi miser ? Bref, quels sont les enjeux d'une telle tâche qui implique, cela va de soi, la crédibilité de l'Église ?

Oser répondre à ces questions, c'est sans conteste donner les contours et les articulations de ce deuxième moment de notre propos. Dans les lignes qui suivent, nous allons donner, surtout passer en revue, les pertinents enjeux de l'annonce de Dieu aujourd'hui en Afrique. Autrement, nous allons évaluer ce que devra faire l'Église si elle veut à la fois que son message soit compréhensible et son Évangile pertinent dans ce continent en état de léthargie.

Quel Dieu dire ?

Quel Dieu annoncé aux peuples dont les rêves de paix et de tranquillité ne cessent d'être brisés au jour le

---

[63] V. COSMAO, *Changer le monde. Une tâche pour l'église*, Cerf, Paris, 1979.

jour, aux peuples victimes des injustices, de la souffrance et de la mort sous toutes ses formes ?

Laissons-nous instruire par l'histoire. Oui, qu'elle nous instruise. Néanmoins, pour que cette instruction vienne à propos, nous allons mener notre enquête en deux temps. Une telle enquête s'annonce simplement : si hier, l'annonce de Dieu à l'homme africain ne tenait pas compte et ne prenait pas toujours en considération ses besoins réels et ses honnêtes aspirations, aujourd'hui, cette même annonce semble s'enliser dans des majuscules assurées.

Un Dieu mal dit ?

Au fond, comme ci-haut annoncé, le vecteur de notre inspection est celui-ci : comment dire Dieu, le Dieu dont Jésus-Christ est le dernier mot, le révélateur ultime, dans une Afrique où le rire est un péché ? Sans doute l'annonce d'un Dieu qui aiderait à retrouver un peu de sourire sur les lèvres. C'est dire que seul peut avoir un sens, pour les hommes humiliés par la pauvreté et l'oppression, un christianisme qui cherche à se re-définir, dans sa totalité, « en relation aux luttes du peuple dans sa résistance aux structures de domination[64] ». Logiquement donc, et surtout pour échapper au ridicule de l'insignifiance et de la théâtralisation, l'Église africaine, dans son annonce, est appelée à s'associer avec les luttes et les aspirations des « damnés de la terre[65] » qui nous rendent actuelle et nous actualisent la mémoire de Jésus crucifié. Chose malheureusement qui ne s'est pas faite et aussi hésite à se faire. Ela a des mots justes et appropriés pour qualifier cette situation de fait et, partant, invite à

---

[64] F. EBOUSSI BOULAGA, *Christianisme sans fétiche. Révélation et domination*, Présence Africaine, Paris, 1992, p. 59.
[65] F. FANON, *Les Damnés de la terre*, Maspero, Paris, 1961.

s'en débarrasser. Pour nous approprier une foi venue d'ailleurs, écrit-il, il nous faut nous libérer d'un christianisme desséchant et notionnel. Plus d'une génération de chrétiens africains a, en effet, reçu l'Évangile dans le contexte socioreligieux où ce qui touche à la vie chrétienne est interprété en termes moralisants et moralisateurs. « Ne faites pas telle chose sinon Dieu se fâchera », « Attention ! », « N'osez pas y toucher »... Un tel christianisme tendait à faire disparaître la Bonne Nouvelle au profit de la loi à mettre en pratique et des obligations à observer scrupuleusement[66]. Ce qui en soi et de soi n'est pas une mauvaise chose, soit. Mais il le devient, quand on semble oublier et faire oublier la dimension historique de l'existence humaine. Par ailleurs, le contenu de cette annonce était généralement un univers religieux à trois dimensions que sont le péché, les sacrements et la grâce et on demandait aux Africains de s'en contenter au moment où, sous couvert de coopération, d'assistance et de bénévolat, des groupes économiques et financiers, des richards et des techniciens macabres et toujours avides d'argent et de profit se disputaient librement le sol et le sous-sol, et, bien sûr, la conscience même du peuple africain[67].

Sur ce, Ela fait un constat radical. Aussi dispose-t-il :

> « Le Dieu de la prédication missionnaire semble avoir été un Dieu si lointain, si étranger à l'histoire des colonisés, des exploités et des opprimés qu'il s'identifie difficilement au Dieu de l'Exode qui prend conscience de la situation d'oppression et de servitude où se trouve son peuple[68] ».

---

[66] Cf. J.-M. ELA, *Ma foi d'africain*, p. 199.
[67] Cf. J.-M. ELA, *Ma foi d'Africain*, p. 185.
[68] J.-M. ELA, *Le Cri de l'homme africain*, p. 41.

C'était, disons-le, un Dieu insolite, narcissique, insensible et indifférent à la misère des opprimés. Comme si cette insensibilité-indifférence ne suffisait pas, pour finir, il était même l'associé et le complice des oppresseurs.

Précisément, il nous semble, eu égard à ce qui vient d'être dit, que le Dieu qui a été annoncé à l'homme africain souffrant dans le contexte précis de la situation coloniale était un Dieu anhistorique, étranger au temps, se disant en dehors de l'histoire, indifférent aux événements politiques, sociaux, économiques et culturels, sans perspective d'engagement inhérent à la promesse. À la limite, le Dieu des Églises et de la prédication chrétienne au temps de la colonisation était un Dieu de la nature qui commande l'adaptation et la soumission à l'ordre des choses[69]. Par voie de conséquence et par effet d'annonce-accueil, dans l'esprit de la majorité des chrétiens, être sauvé, c'est aller au ciel. Une chanson, encore en vogue, des mamans d'un groupe du renouveau dit « charismatique » l'exprime assez bien : « Ici sur terre, nous sommes des étrangers. Notre seule vraie patrie est le Paradis. Peu importe les souffrances de ce monde. Que l'on soit oppresseur ou opprimé, tous nous mourrons un jour ».

Pourquoi se donner tant de peine à travailler, à crier injustice ? Pourquoi chercher à se soigner ? Pourquoi tant de pourquoi quand on sait que cette même nuit l'ange de Dieu viendra nous prendre et nous jouirons, là, au ciel, de la béatitude éternelle ?

On ne le dira jamais assez. Dans une conjoncture déficitaire, il faut une unité de mesure et un étalon de toute annonce viable, fiable et acceptable de la foi au Dieu de Jésus. Cela va de soi, dans une période de vie africaine où la tâche de l'Église consiste à devenir solidaire des

---

[69] Cf. J.-M. ELA, *Le Cri de l'homme africain*, p. 42.

pauvres et des opprimés, il faut soupçonner et suspecter toute spiritualité qui ferait des chrétiens d'Afrique une sorte de « confrérie des absents », étrangers aux questions de l'homme et de son avenir dans la trame et le drame du quotidien[70]. Or, c'est justement ce qui est ici réfuté qui a constitué et continue à être – sporadiquement – le contenu du dit de Dieu en Afrique. Ironie du sort ! Les faits en disent long et les exemples abondent.

Le Dieu des majuscules répétitives ?

Nous en arrivons au second versant de cette section. L'intention qui l'anime est partie d'une histoire, laquelle commence comme un conte de fées. Il était une fois… un enfant d'une dizaine d'années… il était là en face de nous, il ne disait mot, n'avait rien à dire. Il présentait une mine d'enterrement et en lui, quelque chose criait « au secours ». Tout à coup, il explosa. Ses joues n'étaient plus qu'un océan de larmes. « Je n'en peux plus », nous dit-il. « À l'Église on nous parle d'un Dieu d'amour, d'un Dieu-Amour. Sorti de là, je ne rencontre que haine, mépris, marginalisation. À l'Église on nous présente l'image d'un Dieu juste et justice, d'un Dieu miséricordieux, d'un Dieu tendresse, d'un Dieu-Dieu… Une heure après, l'injustice est l'autre nom de ma vie, je vis dans un monde qui a signé l'acte de décès du pardon, un monde rude et en lutte où la loi régnante est celle du plus robuste, un monde dans lequel je rencontre l'homme et, en lui, il n'est pas toujours facile de re-construire et de retrouver l'image de Dieu. Comment concilier prédication et vie ? Comment conjuguer ensemble le lyrisme poétique que l'on entend et la dramatique vie qui brise ? » Pour

---

[70] Cf. J.-M. ELA et R. LUNEAU, *Voici le temps des héritiers*, Karthala, Paris, 1987, p. 187.

conclure, le jeune homme en notre présence clama : « je n'en peux plus ». D'ailleurs « je n'y crois plus ».

« Je n'y crois plus parce que je n'en peux plus », telle est la réponse de cet enfant abandonné à la prédication et à l'annonce d'un Dieu attributif et dont les attributs sont contredits par la crudité des faits.

C'est sans doute uniquement pour cela que des hommes d'une parfaite honnêteté et d'une probité morale indéniable restent insensibles, et suspectent derrière la foi et tout élan de foi un fanatisme aveugle et aveuglant. Ils récusent le Dieu bouche-trou, réponse assurée, l'attribution des « majuscules réalisées », l'Amour, la Vérité, la Miséricorde, la Justice, la Tendresse[71]…

Ces inquiétudes sont à prendre au pied de la lettre car elles expriment et traduisent le malaise d'une certaine façon d'annoncer Dieu. D'où la nécessité de trouver une nouvelle intelligence, des nouvelles stratégies et d'autres enjeux pour un christianisme crédible et efficace en Afrique.

Voici le temps favorable

Le temps se fait pressant où l'Église doit et devra dire non à la complaisance, cela avec la force que seul le Ressuscité peut donner et donc censée rendre l'Église prête à consentir à tous les sacrifices que cela exigera. Déjà en son temps, le pape Paul VI avait perçu la nécessité et l'urgence d'une telle action, vu l'injustice qui caractérisait et caractérise encore l'ordre économico-politique mondial. Il fit un constat des plus suggestifs, réaliste et qui appelle à l'engagement :

> « Les peuples de la faim interpellent aujourd'hui, de façon dramatique, les peuples

---

[71] Cf. J. ELLUL, *La Foi au prix du doute. « Encore quarante jours… »*, Hachette, Paris, 1980, p. 217.

de l'opulence. L'Église tressaille devant ce cri d'angoisse et appelle chacun à répondre avec amour à l'appel de son frère[72] ».

Un tel cri est davantage parlant et interpellant dès lors qu'un peu d'attention suffit pour se rendre compte sans hésitation aucune que tout ce qui est rapporté dans la Bible nous révèle que les luttes des pauvres pour leur libération sont un signe de l'action de Dieu dans l'histoire, et comme tels sont vivants comme des germes imparfaits et provisoires du Royaume définitif. Ainsi conçus, les chrétiens ont, par devoir et par vocation, la responsabilité de discerner l'action de l'Esprit qui fait avancer l'histoire et suscite dans chaque secteur du monde des pauvres l'anticipation du Royaume[73].

En effet, ce qui se vit et se passe aujourd'hui en Afrique doit obliger l'Église et ses représentants, les prédicateurs de l'évangile, à réfléchir de façon nouvelle, radicale, courageuse et autocritique à la façon dont il faut transmettre la Bonne Nouvelle. L'Église doit et il faut à tout prix qu'elle accepte ce défi de façon plus radicale. Elle ne doit pas battre en retraite dans un ghetto clérical ou dans celui d'un christianisme folklorique ou encore s'enfermer dans un lyrisme béat et poétique sans rapport aucun avec le drame de l'existence, laissant le monde à lui-même[74].

Il est grand temps de lever le ton pour oser une action digne du respect de l'homme. Nous nous rappelons encore notre séjour au village natal, quand, autour du feu vespéral et au clair de la lune, notre grand-père octogénaire, nous disait en balbutiant : « là où la parole est

---

[72] PAUL VI cité par J. DE SANTA ANA, *L'Église de l'autre moitié du monde. Les défis de la pauvreté et de l'oppression*, Karthala, Paris, 1981, p. 6.
[73] Cf. J. DE SANTA ANA, *L'Église de l'autre moitié du monde*, p. 8-9.
[74] Cf. K. RAHNER, *Le Courage du théologien*, Cerf, Paris, 1985, p. 222.

libérée, la fraternité entre les hommes devient possible et l'action soutenue ». Nous devons, dans ce temps qui est le nôtre, nous rendre à l'évidence qu'il ne s'agit plus seulement d'expliquer le monde, d'exhorter à la patience et de constater le « ça ne va pas », mais que l'attente eschatologique est inséparable d'un engagement sociopolitique pour la justice, la fraternité, la liberté. Une annonce évangélique qui ne s'inscrirait pas dans cette dynamique serait à notre sens un « opium religieux » ne prouvant que d'artificiels et du non-sens.

L'annonce de Dieu à l'heure de l'information et non du rappel

« L'Afrique est en route, elle est en train de se faire, mieux encore, de se re-faire », nous disait un aîné que nous avions rencontré au gré des circonstances et qui, depuis lors, est devenu notre ami. L'Afrique subit des mutations profondes et de facto émergent de nouveaux lieux d'interrogation. Du rural à l'urbain, il n'y a pas que passage, il y a aussi rupture et brisure. Les enfants de la rue qui n'ont de familier que la rue et tout ce qui s'y trouve nous remettent en question[75].

Nous sommes passés sans transition aucune de la famille comme mère nourricière à la fragilité des liens familiaux. La solidarité reste certes une valeur – indéniable, bien sûr – mais elle devient de plus en plus élective et sélective. Nous ne parlons plus le même langage de nos ancêtres. Notre langage est donc à revoir. L'homme africain oublie aujourd'hui cette Afrique traditionnelle. Nous-mêmes ne l'avons connue que par ouï-dire et par le biais des romans et des œuvres ethnologiques écrites par des gens venus « d'ailleurs » qui

---

[75] Cf. M. MALEMBA N'SIKALA, *Enfant de la rue. Le sans et le hors famille*, Presses universitaires de Lubumbashi, Lubumbashi, 2003.

imaginaient plus qu'ils ne traduisaient la réalité. Sans risque de nous tromper, l'Afrique d'aujourd'hui ne cesse de se dé-solidariser avec celle d'hier. Si tel est, de manière brossée, le tableau général des mutations, la question devient plus radicale encore s'il faut oser parler de Dieu aux hommes dont la vie se résume en un seul mot : *déception*.

Ces mutations montrent et démontrent que rien n'est figé dans l'univers africain. On ne peut se contenter ici des schémas figés et vieillis sur les religions traditionnelles et Jésus comme figure d'ancêtre ou proto-ancêtre[76]. Dans les quartiers urbains, les nouvelles générations ne retiennent de leurs villages d'origine que le nom, ne savent rien de ce qui se passait dans les « bosquets initiatiques[77] ». La seule écoute de ce mot leur fait rêver une banlieue touristique. Le sens des rites et proverbes ancestraux leur échappe. Le temps, en faisant son temps et en prenant du temps, ne cesse de démentir plus d'un proverbe tenu pour évidence hier, les nouvelles générations ont besoin d'une information sur ces choses et non d'un rappel. Pour évangéliser aujourd'hui, nous sommes contraints d'emprunter le langage de cette nouvelle génération. Il faut rejoindre cette Afrique des acculturés et des hybrides... On doit ici, pour se faire comprendre et faire comprendre le « Dieu qui se dit dans l'histoire[78] », emprunter le style de l'homme incertain et insécure.

Cet enjeu est majeur parce qu'il est de taille. Parler à l'homme africain aujourd'hui, c'est lui parler dans son langage et avec son langage. C'est lui parler de ce qu'il

---

[76] Cf. B. BUJO, *Dieu devient homme en Afrique. Méditation sur l'incarnation*, Pauline, Kinshasa, 1996.
[77] O. BIMWENYI KWESHI, *Discours théologique négro-africain. Problème des fondements*, Présence Africaine, Paris, 1981, p. 609.
[78] H. DE LUBAC, *Dieu se dit dans l'histoire*, Cerf, Paris, 1974.

comprend et l'aider à comprendre ce qu'il comprend et à se comprendre. Chercher à lui annoncer Dieu, c'est lui annoncer le Dieu de la rencontre qui vient à la rencontre de l'homme dans son biotope. Sans cet effort de rencontre situationnelle, toute annonce, peu importe le faste qui l'accompagne (alléluia répétitif, *la paix du Christ* après chaque phrase prononcée, *dites Amen* après chaque idée développée, *il est vivant et ressuscité* chaque fois qu'on est à bout d'arguments…) sera et se réduira tout simplement à une dés-annonce qui nuit et ennuie plus qu'elle n'édifie et n'aide la foi chrétienne à se dire.

Quelques enjeux majeurs

Parler de la Bonne Nouvelle dans un continent rassasié de tristes nouvelles et saturé de mauvaises nouvelles, peut paraître téméraire. Peut-être héroïque ! Et pourtant il le faut bien pour ranimer et ressusciter la petite flamme d'espérance qui s'entête et s'obstine encore malgré la violence de l'orage. Cette section n'a qu'une ambition : évaluer le prix à payer en vue de la crédibilité de l'annonce de l'Évangile dans un continent fatigué et fatigué d'être fatigué à force d'être secoué.

Re-situer Dieu du côté des pauvres

En Afrique, le débat de la mission est appelé à se déplacer. De quel côté se situerait Dieu dans un monde divisé où l'enrichissement des uns rime sadiquement et sauvagement avec l'appauvrissement et la marginalisation des autres ? Sans doute du côté des pauvres. Dans cette perspective, le défi des pauvres à l'Église, dans une conjoncture où la pauvreté, la misère, la marginalisation et l'oppression vont de pair, exige une nouvelle manière d'être chrétien, de vivre et de penser la foi, d'être convoqué en Église[79].

Comme au temps des prophètes de l'Ancien Testament, il faut descendre dans les lieux de misère où l'on vend le pauvre pour de l'argent tandis que l'on condamne les jeunes filles à faire de leur corps une marchandise sur les lieux publics et chez les petits bricoleurs qui vendent à la sauvette. Nous devons apprendre à voir ce qui arrive aux enfants dans la rue, aux pères de famille qui travaillent jusqu'à s'épuiser pour un salaire de misère qui les condamne à la misère, ce qui arrive aux malades dans des hôpitaux lucratifs, sans aucune notion d'accueil et en crise d'hospitalité, ce qui se passe avec les gens du peuple au fond des mines où les jeunes adolescents appelés « N'kwanda » laissent là et brûlent là leur jeunesse pour le plus grand bien et le profit des grands de ce monde... bref, partout où l'homme meurt et se meurt.

La situation dramatique de l'homme africain nous oblige, pour ainsi dire, à tout re-considérer, à partir du quotidien. De cette manière seulement, l'Église peut exercer sa fonction prophétique. Du reste nous devons re-situer Dieu du côté des hommes écrasés par la souffrance et qui, de plus en plus, ont comme le sentiment que Dieu est devenu le complice et le protecteur des oppresseurs. Il nous faut sortir de nos sacristies, de nos bibliothèques et de nos Land Cruiser pour rencontrer l'Afrique réelle, l'Afrique de chaque jour, l'Afrique du marché et dans les marchés, l'Afrique des rues et dans les rues, l'Afrique des champs et dans les champs, l'Afrique des quartiers populaires et dans des quartiers populaires, sans eaux ni électricité... et ainsi interpréter l'aujourd'hui de Dieu dans l'aujourd'hui de la vie de notre peuple et cela aujourd'hui.

---

[79] Cf. J.-M. ELA et R. LUNEAU, *Voici le temps des héritiers*, p. 187.

Annoncer le Dieu qui libère

Que dit l'Église quand elle annonce Jésus-Christ comme libérateur et sauveur à un peuple piétiné et écrasé qui mène une vie et demi[80] ? A-t-elle la prétention de se faire comprendre et d'être comprise ?

S'il est admis qu'en Afrique, notamment à l'heure actuelle, nous devons annoncer et vivre une foi inductive et non déductive, la manière d'annoncer Jésus doit être revue et re-pensée. Que Jésus-Christ soit Libérateur et Rédempteur, c'est indéniable. Mais comment l'annoncer à celui qui subit une oppression des plus sauvages ? Telle est à notre avis toute la question, la question des questions. Et d'elle évidemment, dépend la crédibilité du christianisme en Afrique. Dans un continent matraqué et enchaîné où le rire est et devient à la fois ridicule, un péché et une aliénation, voire une indifférence notoire et intolérable devant sa propre situation, le message évangélique n'est percutant et pertinent qu'à partir du moment où il annonce et s'engage dans un processus vital et effectif de libération des opprimés. Dans ce sens, être fidèle et se dire témoin du Dieu qui a fait incursion dans l'histoire en libérant Israël de l'esclavage, c'est se mettre au service de la libération des pauvres, des enchaînés et des captifs de la misère et de la faim sous toutes ses formes. Aux pharaons de ce monde, nous devons faire nôtres les paroles que Dieu adressa au pharaon d'Égypte par l'entremise de Moïse : « laisse aller mon peuple[81] ».

Ceci doit s'imposer comme une évidence. Dans cette même veine, au lieu d'une évasion dans le spirituel et le spiritualisme, l'Église doit annoncer un message libérateur et qui accélère le processus de la libération.

---

[80] Cf. S. Labou Tansy, *La Vie et demie*, Seuil, Paris, 1979.
[81] Cf. R. Luneau, *Laisse aller mon peuple*, Karthala, Paris, 1987.

Plus qu'une simple mission, cette option s'inscrit et s'insère dans l'être-au-monde même de l'Église.

Même son de cloche chez Metz. Pour lui en effet, la foi est foncièrement et fondamentalement mémoire subversive du Christ. Si elle est réellement chrétienne, la foi n'est pas que *fides qua creditur*, mais elle est aussi *fides quæ creditur*. En ce sens précis, la foi est la mobilisation de la tradition comme un potentiel de critique et de provocation libératrice face au présent unidimensionnel et incitation à la solidarité inconditionnelle avec les plus faibles[82]. Croire dans ces conditions, c'est avoir un rôle à jouer dans les changements provoqués par le Règne de Dieu qui signifie la fin de la souffrance des pauvres et la libération des opprimés (Mt 11, 4-5). Voilà pourquoi *Repenser la théologie africaine* de Jean-Marc Ela porte ce sous-titre : *Le Dieu qui libère*. Pour reprendre des expressions contemporaines, à la suite du Christ, l'Église doit prêcher une authentique révolution globale structurelle, qui n'est pas une libération du joug romain et des romanités de notre temps, une rébellion des pauvres contre les bourgeois contemporains, mais une libération complète et totale de tout ce qui aliène l'homme depuis les maladies et la mort jusqu'au péché – avec une insistance particulière sur le péché à la fois social et individuel, qui est sans conteste, la source de nos misères[83]. Bref, la foi en Jésus-Christ est essentiellement une foi en la libération de l'homme et une foi libératrice.

Il ne serait pas superflu de notifier sous cet aspect l'étonnante réflexion de l'abbé Ngindu Mushete. Écœuré par la misère d'une Afrique malade d'elle-même et victime de sa propre misère, il ne trouve pas d'autres

---

[82] Cf. M. XHAUFFLAIRE (dir.), *La pratique de la théologie politique. Analyse critique des conditions pratiques de l'instauration d'un discours chrétien libérateur*, Casterman, Tournai, 1974, p. 36-37.
[83] Cf. L. BOFF, *Jésus-Christ libérateur*, Cerf, Paris, 1983, p. 238.

enjeux et d'autres voies de sortie du marasme, si ce n'est proposer une véritable et authentique spiritualité de la libération. Une telle spiritualité s'exprime et doit nécessairement s'exprimer par et à travers certaines attitudes. Deux nous semblent les plus plausibles. D'abord, l'Église africaine devra résolument s'engager en faveur des pauvres et des opprimés. Qu'est-ce à dire ? La connaissance de Dieu étant une œuvre de justice, la conversion à Dieu passe et devrait passer par la conversion aux hommes suivant l'heureuse et surprenante formule du père Rahner : « toute théologie est une anthropologie ». Une telle conversion exige, pour être sincère, la sortie de l'indifférence, du quiétisme, et de la neutralité pour prendre la défense des pauvres et des opprimés. Une telle option, il faut le dire, impose à la fois la dénonciation des injustices sociales et la solidarité avec les pauvres pour promouvoir de l'intérieur la libération intégrale à l'exemple du Christ. Ensuite l'Église africaine doit vivre et faire revivre le mystère pascal. L'enjeu sous-jacent est que le mystère pascal n'est pas à considérer et surtout à vivre comme un fait purement mystique et ascétique. Il est plutôt à vivre dans toute sa dimension historique, charnelle et actuelle. La situation actuelle de l'Afrique est sans conteste une exigence permanente de mort et de résurrection en Christ pour une vie nouvelle[84].

Au demeurant, l'enjeu est donc celui de la libération. Quel Jésus devons-nous annoncer ? Jésus-Christ libérateur. De quelle manière ? Dans une histoire de libération. Comment s'en rendre compte ? En nous engageant nous-mêmes activement dans le processus et la dynamique de la libération.

---

[84] Cf. E. MVENG (dir.), *Spiritualité et libération en Afrique*, L'Harmattan, Paris, 1987, p. 62.

Proclamer le Dieu de la vie

Pour mieux cerner l'enjeu de ce qui est ici en question, il importe de chercher à ramener à la surface la réalité dans son expression la plus simple. Pour mieux parler de la vie, il faut interroger la vie elle-même. Bien pourquoi nous ouvrons cette section en laissant parler les faits eux-mêmes. Il y a de cela deux ans, nous venions de commencer notre première année de théologie. La veille de Noël, alors que nous nous préparions à accueillir Dieu qui a décidé de visiter les hommes, nous étions cette fois-là non pas bénéficiaire mais victime d'une visite : celle de la mort. Nous apprenions avec tristesse et émoi qu'un des nos enfants du centre d'accueil pour orphelins, « Maison Wengi », venait de trépasser. L'enfant, nous le connaissions, c'était un ami. Avec tristesse, son prénom nous revient en tête. On l'appelait : Héritier. Oui, Héritier était mort, la veille de Noël. Héritier n'avait que huit ans. Nous nous sommes rendu sur les lieux et la décision fut prise de l'enterrer le soir du même jour. Un détail, Héritier était mort aux environs de six heures du matin quand les autres se réveillaient. La décision prise était assumée. Il aurait fallu l'enterrer au cimetière non loin de l'hôpital « Mwangezi » là où notre regretté Héritier avait dit adieu au monde. Sur les lieux, au cimetière donc, nous avons fait un rêve debout en nous rendant compte que sur les croix, partout où l'on avait pris soin d'indiquer les dates de naissance et de mort de ceux qui y étaient enterrés, la plupart atteignaient à peine la dizaine. C'était un véritable holocauste d'enfants. Cette image macabre et bouleversante est restée dans notre mémoire. Pour le cas qui nous concerne, notre Héritier était mort avant ceux de qui il attendait l'héritage – s'il en avait – oui Héritier avait un héritage : l'héritage de la faim, de la misère, de la souffrance, du mépris et de la marginalisation. C'est sans doute au regard d'un tel héritage qu'il avait décidé de partir avant que son héritage ne l'aide à partir.

Dès lors, certaines interrogations existentielles s'imposent à nous : comment annoncer et célébrer le Dieu de la vie quand on vit la passion du Dieu crucifié dans le quotidien et au quotidien ? Comment et par où commencer si l'on veut annoncer le Dieu de la vie à un peuple qui a conclu une alliance presque éternelle avec Hadès ? Que signifie « vie en plénitude », « vie éternelle » pour des gens qui ont uni leur destin avec la mort ? Que signifie « Bonne Nouvelle » pour des gens qui vivent éternellement de tristes nouvelles ? Du reste, la question centrale est de savoir comment annoncer le Dieu de la vie à un peuple qui a fait de la mort son compagnon de chaque instant ? Il suffit d'observer notre vie aujourd'hui, et le cas du petit Héritier est un exemple illustre, pour comprendre qu'en Afrique, ce ne sont plus les vieux seuls, rassasiés de jours, qui sont près de la mort ; les enfants meurent, une mort à la fois physique, mentale et sociologique, à cause de la malnutrition. Faut-il penser que cela vient de Dieu ? Faut-il dire que c'est Dieu qui le veut ? Doit-on oser affirmer que Dieu cherche la mort des Africains ? Et si le contraire est vrai parce qu'il est vrai ! Sans nier la pertinence de cette dernière considération, il faut reconnaître et avouer qu'il y a un mécanisme de mort, des structures oppressives qui sont en train de broyer la vie des hommes en Afrique. Que faire alors pour que notre annonce ait un écho ?

Sans doute, dans la mesure où le Dieu de l'Évangile se révèle comme le Dieu qui fait vivre, la foi nous fait refuser et doit-nous faire refuser, si elle est vraiment foi authentique et foi au Dieu de vie, un système qui tue et qui enterre sans scrupule. Il nous faut soumettre « La mort en procès[85] » en Afrique. Et justement le

---

[85] G. K. DESSINGA, *La Mort en procès*, Ed. Porziuncola, Assise, 2004.

triomphe de la vie résultera de l'accusation, sentence et exécution de la mort au terme de ce procès.

En effet, une lecture, fût-elle superficielle de la Bible, révèle Dieu comme étant un Dieu vivant, le Dieu de la vie. Cette attribution doit nous pousser et nous porter à penser. Elle nous ramène à re-poser la question qui était nôtre au début de cette exploration : comment oser, ne fût-ce qu'oser annoncer le Dieu de la vie au peuple qui meurt à petit feu et qui pense, à juste titre, vu la situation qui est la sienne, que vivre n'est réservé qu'à ses oppresseurs ? Dieu, comme maître de la vie, comme Vie, serait-il un oppresseur parmi tant d'autres qui se réclament et revendiquent par la force le droit à la vie ?

Considérons une chose. Et c'est ce que nous allons annoncer à l'homme africain pour qu'il reprenne courage. Absolument. Le Dieu de la Bible est un Dieu qui entend, qui voit, qui connaît et qui est sensible (Ex 3, 7-10). Bref, c'est un Dieu qui voit la misère de son peuple. Aussi la Bible dira-t-elle fréquemment que Dieu ne se repose pas (Is 40, 28) ; ce qui est, cela va de soi, une autre manière d'insister sur la même idée : il est le Dieu vivant et son œuvre libératrice affronte et confond tout ce qui menace ou détruit la vie[86]. Oui c'est ce Dieu-là et non pas un autre que nous avons à annoncer et devons annoncer au peuple africain, cela en parole et par notre effort constant, quotidien et concret à dire « non » à la mort sous toutes ses formes et, en le disant, dire un « oui » vibrant à la vie.

Que notre Dieu soit le Dieu de la vie, c'est aussi ce que nous annonce Jésus-Christ. Sur cette note, le quatrième Évangile fait de la vie un des thèmes centraux de son message : « Moi, je suis venu pour qu'on ait la vie et qu'on l'ait en abondance » (Jn 10, 10). De ce qui précède, on peut conclure que la libération dans la Bible est foncièrement et intrinsèquement volonté de vie. La

---

[86] Cf. G. GUTIÉRREZ, *Le Dieu de la vie*, Cerf, Paris, 1986, p. 25.

libération se fait pour ainsi dire en luttant contre l'oppression, la servitude et la mort. Annoncer le Dieu de la vie, c'est donc mener et engager une lutte sans merci contre tout ce qui diminue l'homme. De même, si la religion de Jésus est fondamentalement une religion et un pacte de vie, la mort, en niant la vie, nie donc le Dieu de la Bible, son Fils unique et la religion qu'il a révélée[87]. Ainsi, une Église, soit-elle de Jésus, qui ne s'engagerait et ne s'impliquerait pas dans le maintien, le soutien et la sécurisation de la vie partout où elle est menacée, serait démissionnaire et aurait bien fait de jeter l'éponge. Tout simplement.

Présenter le Dieu de l'espérance et de l'avenir

Nous étions au début du mois d'avril. Une certaine matinée du Vendredi saint, comme à l'accoutumée, nous nous sommes rendu à l'hôpital, pour compatir et être proche de ceux qui associaient leur passion à la passion du Christ et Seigneur. Notre idéal était le suivant : être présent. Présence physique et fraternelle, présence amicale et priante. À l'esprit, nous avions un proverbe mbochi : « devant l'incapacité à sauver une situation, l'unique attitude recommandée est la présence ». Dans une des salles, il y avait un silence méditatif. Un groupe de femmes était là, autour d'un lit. Nous nous sommes approché. Toutes avaient les yeux rivés vers le lit. Là, couché, un enfant se tordait, gémissait, le mouvement de ses bras semblait crier au secours. Du sang jaillissait de ses oreilles, il ouvrait à peine ses yeux et chaque fois qu'il osait, on pouvait sans discrétion voir une coloration jaunâtre. Une femme du groupe nous a reconnu. Elle s'approcha et nous dit, en larmes : « il n'y a plus d'espoir ». Elle ajouta : « Nous espérons que Dieu l'aidera

---

[87] Cf. G. GUTIÉRREZ, *Le Dieu de la vie*, p. 65.

et qu'il vivra. Si pas sur cette terre, du moins au ciel ». Depuis que nous sommes arrivés ici, conclut-elle, personne n'est passé. Sans argent dans cet hôpital, pas de soins, même le simple regard vous est privé. Espérons que l'enfant sera assez endurant et bravera la maladie.

« *Il n'y a plus d'espoir* », tel est le cri des oubliés de l'histoire en Afrique. Eu égard à ce qui vient d'être dit, il ne serait pas exagéré de parler, pour reprendre à notre compte les mots de Gesché, de « l'érosion de l'espérance[88] » en Afrique. Et pourtant, l'espérance, plus peut-être que toute autre inclination ou disposition, est au cœur même de l'homme et de son existence, de ce qui le fait vivre et donne sens à l'aventure qu'il entreprend en vivant. Il suffit à cet effet de songer à ce qu'est le désespoir, l'absence d'horizon, le défaut ou la perte de tout projet possible, pour comprendre que l'espérance tient à l'être même de l'homme. Sans elle, pourrait-on dire, l'homme ne peut vivre[89]. Si tel est le cas, quel Dieu dire à l'Afrique et à l'homme africain qui a fait du désespoir son plus fidèle compagnon et son intime ? Quel Dieu annoncer à une jeunesse qui est convaincue que son avenir est bloqué ?

L'enjeu est de taille, la question difficile, la mission très difficile mais pas impossible. À une Afrique essoufflée, nous devons annoncer le Dieu de la promesse. Parce que Dieu de la promesse et donc de l'avenir, il ouvre sans cesse à l'homme un avenir d'espérance qui permet de critiquer la situation existante[90]. Précisément, en ces temps d'aridité, de sécheresse et de tristesse où l'Afrique est endeuillée, disent les uns, ensorcelée, affirment les autres, l'Église doit annoncer que l'avenir reste ouvert et possible.

---

[88] A. GESCHÉ, *Dieu pour penser VII. Le sens*, Cerf, Paris, 2003, p. 117.
[89] Cf. A. GESCHÉ, *Dieu pour penser VII*, p. 117.
[90] Cf. J.-M. ELA, *Le Cri de l'homme africain*, p. 41-42.

Si en effet, à en croire Moltmann : « Le christianisme est tout entier (et pas seulement en appendice) eschatologie, il est espérance, perspectives et orientation en avant, donc aussi départ et changement du présent[91] », cette espérance comme catégorie ontologique du christianisme, insinue et en appelle au changement du présent que nous avons à annoncer en Afrique. Un tel changement nous pouvons le ramener en ces termes : en Afrique, les choses doivent changer.

Par ailleurs, l'espérance chrétienne, a-t-on dit, est espérance de résurrection ; offrant et garantissant par là une perspective d'avenir, elle démontre sa vérité dans la contradiction qui oppose cet avenir de justice au péché, cet avenir de vie à la mort, cet avenir de gloire à la souffrance, cet avenir de paix au déchirement et à la guerre, cet avenir de compréhension à l'incompréhension. Calvin a très nettement discerné cette discordance et ce hiatus où nous place l'espérance de résurrection :

> « La vie éternelle, dit-il, nous est promise : mais cependant nous sommes morts. On nous tient propos de résurrection bienheureuse : mais cependant nous sommes environnés de pourriture. Nous sommes prononcés justes : et cependant le péché habite en nous […]. On nous promet abondance de tous biens : et toutefois nous endurons à bon escient faim et soif… Que nous ferions-nous là, si nous n'étions appuyés sur l'espérance, et si notre entendement au milieu des ténèbres ne s'élevait par-dessus tout ce qui est en ce monde, ayant la parole et l'Esprit de Dieu pour guide devant soi[92] ? »

---

[91] J. MOLTMANN, *Théologie de l'espérance*, Cerf-Mame, Paris, 1970, p. 12.
[92] J. CALVIN cité par J. MOLTMANN, *Théologie de l'espérance*, p. 15.

Flagrante contradiction ! Tel est le drame africain. Quoi faire ? Faut-il baisser les bras ? Il faut oser. C'est cet avenir de vie sur la mort qu'il faut annoncer aux Africains, non pas pour oublier la misère du présent mais pour l'affronter avec force dans le but de la battre en brèche. Dans ce contexte, croire n'est pas un luxe, encore moins une carte d'adhésion à une mutualité. C'est un défi lancé au présent qui laisse à désirer et énerve.

Malgré les « structures de découragement » qui nous étouffent, malgré et contre la misère qui nous accable, malgré la souffrance qui a uni son destin avec le nôtre, nous devons, avec force et conviction, dire à notre peuple que la misère n'a pas le dernier mot, elle peut le plier mais ne le brisera pas. Fort de tout cela et à la suite de ce Serviteur de Dieu dont parle Bernard Ilunga, dans son roman *Pleure ô pays ou Les Naufragés de l'histoire*, nous dirons, nous aussi, à notre peuple et au peuple africain :

> « Allons donc ! Debout, la sainte armée du Dieu Tout-puissant. Tous pour la vie, les sourires, les rires, l'amour, la fête, la joie, la solidarité, la fraternité, l'amitié... parole de Dieu. Amen, amen, amen Alléluia[93] ».

Non pas un simple encouragement psychologique pour assumer passivement la misère du présent, mais un cri d'espérance qu'avec le Dieu de l'impossible et notre ferme détermination, le soleil de la joie apparaîtra un jour.

---

[93] B. ILUNGA KAYOMBO, *Pleure ô pays ou Les Naufragés de l'histoire*, L'Harmattan, Paris, 1997, p. 10-11.

Briser le silence de la peur

« – Kaayoma, pourquoi tu ne me dis jamais rien ? – Que puis-je te dire, Seigneur ? Tu sais que je dois t'écouter toujours[94] ».

« *Tu sais que je dois t'écouter toujours* », dit Kaayoma à Pierre Landu, le héros tragique ou le tragique héros de ce roman. Écouter toujours, sans dire mot et pourquoi le dire puisqu'on est condamné au silence, puisqu'on n'a pas le droit à la parole, telle est l'expression assez parfaite d'un peuple passif, d'un peuple condamné à vivre là, à la remorque des gouvernants et d'une politique internationale injuste qui attendent de lui obéissance totale, discrétion absolue, soumission. Ce peuple ainsi matraqué a un nom : c'est le peuple africain. Il n'a que des devoirs et ignore tous ses droits, sauf un seul : le droit à la mort sous forme de souffrance, de misère et de maladie. Voilà le drame d'un peuple condamné au silence et donc incapable de réclamer ses droits. Que faire dans un tel contexte ? L'Église doit certainement être le lieu par excellence où les opprimés peuvent dire et se dire et, se disant, ils traduiront ce qu'ils sont et vivent. Comme le pense non sans réalisme Vincent Cosmao, c'est dans l'Église en effet que le cri des peuples opprimés, la voix de ceux qui sont sans voix a le plus de chance de se faire entendre[95]. Nous ne saurons éternellement annoncer le Dieu qui s'est auto-révélé et qui entre continuellement en dialogue avec les hommes à un peuple condamné au silence sans pour autant l'aider à libérer la parole. Cette mission est plus que jamais nécessaire dans de nombreux pays africains où les simples citoyens n'ont plus aucune possibilité d'agir. On ne le dira jamais assez. Au moment où tout est organisé pour étouffer par la torture, l'intimidation et la répression

---

[94] V. Y. MUDIMBÉ, *Entre les eaux*, p. 174.
[95] Cf. V. COSMAO, *Changer le monde*, p. 86.

toute velléité de revendication et assurer aux multinationales l'exploitation la plus sauvage – exploitation à la fois des richesses du sol et du sous-sol, des forces physiques et des intelligences – de l'Afrique et du peuple africain, l'Église est appelée, au nom de la fidélité à sa mission et à sa vocation, à re-devenir, la voix des grandes masses populaires réduites au silence. C'est un fait admis par tous et une évidence s'imposant à la plupart que la voix de l'Église est la dernière espérance de ceux qui n'ont plus aucun recours. Va-t-elle se dérober à cette mission et laisser passer outre un tel kairos ? L'Église ne saura prétendre dire sa foi et se faire entendre sans tenir compte de cet aspect de choses. C'est peut-être la seule manière qu'elle a de devenir « africaine ». Précisément, en intervenant en faveur de l'homme et de ses droits en Afrique, en militant pour briser le silence de ceux qui sont condamnés à se taire, l'Église aide et travaille à la réanimation de l'Afrique et de l'homme africain. Une telle option, si difficile soit-elle, prouve la conviction selon laquelle toute la souffrance dont est victime l'Afrique, tout cet envers, tout cet enfer n'auront jamais le dernier mot[96].

En cette croisée des chemins, où, agonisante et comateuse, l'Afrique se bat entre la vie et la mort, mais plus proche de la mort que de la vie, se taire et rester silencieuse pour l'Église, laissant ainsi les sans-voix devenir complètement muets, serait un véritable péché en pensée, en paroles, par action et par omission. Et l'Église devra le confesser publiquement, devant le tribunal de l'histoire en disant : « Oui, j'ai vraiment péché. C'est pourquoi je supplie la Vierge Marie, les Anges et tous les saints et vous aussi mes frères, de prier pour moi le Seigneur notre Dieu. »

---

[96] Cf. S. ROUGIER, *Aime et tu vivras*, Cana, Paris, 1986, p. 188.

Conclusion

Nous voudrions conclure ce deuxième moment de notre propos, d'abord en faisant une mise au point de la démarche que nous avons menée jusque-là, ensuite en orientant notre regard vers ce qui reste à faire et qui conviendrait d'être fait pour un christianisme intègre en terre africaine.

Nous nous sommes mis en face de la réalité africaine. C'est vrai qu'elle pose problème et est problème. Cela s'entend. La question qui s'imposait à nous avec une urgence était celle du Dieu à annoncer dans ce contexte, mieux encore, celle des enjeux de l'annonce de l'Évangile pour qu'elle reste et garde sa nature de Bonne Nouvelle pour un peuple qui, à force de souffrir, semble rejeter en bloc tout ce qui a tendance à ne pas être une solution quasi immédiate à sa misère. Une orientation actualisante nous a paru pertinente. En effet, dans un contexte en pleine mutation, l'annonce de Dieu doit tenir compte de l'aujourd'hui de ceux à qui elle est destinée. C'était là le point d'Archimède de notre propos. Il sera question, dans le moment qui s'ensuit, de poser les balises d'un christianisme équilibré et censé conjuguer avec la réalité africaine sans cesse en mutation. L'orientation qui en découlera, loin de s'enfermer dans un dogmatisme béat, devra au contraire être, eu égard à l'intention qui l'anime de l'intérieur, un vecteur d'action, censé réguler l'annonce de l'Évangile, dans une ambiance contextuelle qui, de plus en plus, va en croisade contre tout ce qui est tristes nouvelles.

CHAPITRE III : POUR DES LENDEMAINS QUI ENCHANTENT

Introduction

La situation africaine est trouble, cela s'entend. En même temps l'urgence de la Bonne Nouvelle s'impose. Conjuguer les deux ensembles nous a exigé certains renoncements. À l'Église qui entend annoncer la Bonne Nouvelle, comme devoir et comme exigence de sa vocation, une question de fond a été posée, à savoir sur quel pied entend-elle danser pour que son message soit pertinent, crédible et compréhensible. Une telle tâche exigeait que l'on soit assez informé sur les mécanismes de la crise africaine. De là, nous en sommes arrivé à dégager les enjeux du « maintenant » de toute annonce de l'Évangile en terre africaine. Ce dernier moment de notre propos se veut prospectif. Il est question à la fois de thématiser les énergies silencieusement à l'œuvre dans l'Église pour essayer de donner figure humaine à la sombre réalité africaine et des défis à relever à tout prix par l'Église pour que son message demeure un ferment de vie et une force libératrice.

Redécouvrir la dimension historique de la révélation

Le Dieu chrétien est un Dieu qui a l'histoire comme particularité. Autrement dit, voulant se dire, il s'est dit dans l'histoire en marche. Et là où il se dit, il ne consacre pas l'ordre établi, au contraire, il ouvre une brèche sur l'avenir et invite ceux à qui il se révèle à revoir certaines manières d'être et de faire. Le christianisme, écrit Ela, n'est pas une religion de l'ordre : ce serait oublier qu'il n'est pas une religion de la nature mais une intervention de Dieu dans la trame de l'existence humaine[97].

Ceci est à prendre au pied de la lettre. Si en effet, Dieu s'est révélé dans l'histoire, cela insinue que l'histoire se fait à une grande valeur et c'est dans l'histoire que l'homme devra faire l'expérience de Dieu et de sa bienveillance ; c'est dans l'histoire que s'opère et se réalise la rencontre de l'homme avec Dieu, dans l'histoire que le salut de Dieu rejoint l'homme, dans l'histoire que Dieu cherche l'homme, dans l'histoire que l'homme cherche Dieu. Dans cette nouvelle intelligence des choses, l'Église ne saurait être neutre là où les hommes meurent, faute de justice. Par fidélité à sa mission, elle est poussée et portée à prendre sa part de responsabilité partout où la création est en marche, là où le royaume de Dieu se cherche et là où se construit l'univers nouveau qui n'est pas l'au-delà, mais un monde autre, déjà là, en gestation dans le quotidien. Dans cette optique, les questions de l'homme africain sont pour l'Église un défi : elles la convoquent et la provoquent à l'imagination sociale et créatrice. Car, dans l'histoire qui se fait, il nous faut, comme disait Paul VI, chercher des possibles ignorés[98]. Annoncer le Dieu qui vient à la rencontre de l'homme dans l'histoire implique un engagement actif, contre tout ce qui risquerait de voiler cette présence et pour ce qui la rend lucide et perceptible.

Quelques impératifs existentiels

Un nouveau style de la mission ?

L'Église devrait, sans doute, si pas urgemment, revoir et réviser sa façon d'être missionnaire. À ce niveau,

---
[97] Cf. J.-M. ELA, *Le Cri de l'homme africain*, p. 68.
[98] Cf. J.-M. ELA, *Le Cri de l'homme africain*, p. 68-69.

de graves ruptures doivent s'opérer. Elle doit passer du constat à l'action, de la neutralité à l'engagement et à la prise de position, du silence à la parole comme cela se fait maintenant – quand bien même il s'agit des cas isolés – bref, « de l'assistance à la libération[99] ».

Dans un contexte où les gens ignorent leurs droits, allant jusqu'à croire que leur misère est délibérée par Dieu ou encore est la légitime conséquence de la non-observance des consignes des ancêtres, la mission devra consister à éveiller et à réveiller la conscience du peuple. La conscientisation doit être l'autre nom de l'évangélisation. Comment parler de la conversion en termes de « kobongola mitema » quand le papa et la maman qui se présentent dans un bureau de vote où ils devront au moins se prononcer, à leur niveau, sur les grandes options nationales, se voient dupés que voter « Non » à un projet constitutionnel signifie « le vote n'a pas eu lieu pour vous », tandis que voter « oui » signifie « c'est vrai, vous avez voté. Le vote a bel et bien eu lieu » ? C'est de l'injustice et de la duperie, sans plus. C'est sans doute en connaissance de ces situations qu'Ela estime que :

> « La mission se vit avec le souci de réveiller en l'homme ses capacités d'action et de lutte contre la misère, l'ignorance et l'injustice. Elle a pour tâche primordiale de faire surgir des communautés qui assument la détresse des hommes en quête d'une promesse de vie[100] ».

Dans cette ligne, à la place d'assister le peuple ou de le consoler dans l'assumation de sa misère, l'Église devra plutôt réveiller les énergies d'action et les forces de protestation contre la misère qui sommeille au sein du

---

[99] J.-M. ELA, *De l'assistance à la libération. Les tâches actuelles de l'Église en milieu africain*, Éditions L'Épiphanie, Kinshasa, 1981.
[100] J.-M. ELA, *Ma foi d'Africain*, p. 29.

peuple. En effet, la tentation est plus grande d'assister que d'aider un peuple conscient du tragique de son destin à se prendre en charge. N'est-il pas plus facile de dire que Dieu s'est incarné que de se mettre à expliquer le mystère de l'incarnation ? N'est-il pas plus facile de donner un morceau de pain à un enfant affamé que de disposer de son temps pour lui expliquer comment fabrique-t-on du pain ? C'est sans doute ce qu'il faut faire – au nom de la charité – sans oublier que la véritable charité est celle qui consiste à aider l'autre à se servir de son propre bâton. Annoncer l'Évangile aujourd'hui devrait nécessairement s'accompagner des signes concrets de vie et d'appel à la vie. C'est à ce prix que l'Évangile cessera d'être un message théorique mais rencontrera le peuple qui l'accueille dans ce qu'il est et dans ce à quoi il aspire.

Dans un contexte qui balbutie, l'Église doit annoncer la victoire finale de Dieu sur toutes les forces du mal qui offusquent et étouffent l'homme. Elle doit annoncer l'ère de la « désacralisation des idoles » que sont le pouvoir, l'avoir et le sexe qui ne cessent d'assujettir l'homme. Car si Dieu est Dieu, alors rien, en tout cas rien ne saura constituer une obstruction entre lui et ses créatures. Le père Cosmao a trouvé une formule juste pour le dire :

> « Quand l'Église, qui prêchait la résignation, commence à dire aux pauvres que c'est Dieu lui-même qui les appelle à se mettre debout et à prendre en main la construction des organisations sociales nécessaires à la production de leurs conditions d'existence, l'impensable devient pensable[101] ».

Telle est la tâche à laquelle l'Église ne saura se dérober sans perdre en même temps et par le fait même sa crédibilité.

---

[101] V. Cosmao, *Changer le monde*, p. 84.

Une foi qui écoute

« Obéir, c'est écouter[102] », tel est le titre d'un des billets rassemblés par l'ancien archevêque de Marseille, Roger cardinal Etchegaray dans son livre *Je marche comme un âne*. L'obéissance, dit-il, s'enracine dans l'écoute. L'obéissant n'est pas un distrait. Son oreille est tendue pour se laisser atteindre, secouer par les cris et les chuchotements. L'obéissant n'écoute pas seulement vers le haut, comme s'il n'y avait à obéir qu'à celui qui est au-dessus, à l'échelon supérieur. L'obéissant écoute autour de lui, au-dessous, partout où un appel, loin de claquer au vent, se fait imploration, voire silence. Il n'attend pas qu'on l'interpelle, il devine, il ose, il sent le besoin de l'autre, il va au-devant[103].

Écouter nous semble la juste attitude d'une Église fidèle à sa vocation dans un contexte qui crie « au secours ». L'Église africaine doit plus développer l'écoute que l'exercice de la parole. Pour cela, elle devra renoncer à sa certitude d'être porteuse d'une parole qui s'imposerait partout, sans tenir compte de la vie réelle des destinataires de son message. Croire doit aller ensemble avec « écoute du monde » dans lequel notre foi est conviée à s'exprimer. En effet, attentive à la marche du monde, en éveil face aux signes de temps et soucieuse de l'existence concrète des destinataires de son message, du fait même de son inquiétude sur son identité ou sa fonction sociale, l'Église se trouve disponible pour des tâches nouvelles dont elle prend conscience progressivement qu'elles correspondent à sa mission[104].

---

[102] R. ETCHEGARAY, *J'avance comme un âne...*, Fayard, Paris, 1984, p. 54.
[103] Cf. R. ETCHEGARAY, *J'avance comme un âne...*, p. 54.
[104] Cf. V. COSMAO, *Changer le monde*, p. 82.

L'écoute attentive du monde exigée à l'Église lui permettra de se renouveler sans cesse en fonction des défis propres au monde dans lequel elle est appelée à œuvrer. Voilà pourquoi il est difficile – non pas impossible – de construire un discours sur Dieu sans se préoccuper de voir où les Africains posent leurs pieds, font, réfléchissent et mangent. Tout discours sur Dieu en Afrique doit couronner un processus d'écoute et exige une véritable *pédagogie du regard* pour découvrir où en est l'Afrique aujourd'hui afin de chercher ce qui fait sens dans la révélation de Dieu, dans la condition concrète où cette révélation est en quête d'un langage significatif pour les hommes et les femmes du continent. Autrement dit, pour le théologien africain, il s'agit de ne prendre à son compte l'acte de voir, dans le sens de chez nous, c'est-à-dire cette capacité d'entrer dans l'intelligence de la foi à partir d'une expérience d'écoute attentive sans préjugés des questions et des besoins vitaux de l'Afrique et des Africains[105].

Apprendre à se taire, à écouter d'abord pour chercher ensuite seulement à annoncer une Bonne Nouvelle imprégnée des fruits de l'écoute, tel est le défi d'une Église qui cherche à se faire comprendre. « Écoute la voix de ton peuple[106] », tel est le conseil que l'Évêque de « L'Église des pauvres » donne à chacun des chrétiens et, de manière spécifique, à ceux qui sont appelés à annoncer l'Évangile au milieu des « naufragés de l'histoire ». Seule une Église qui écoute est et sera capable de rencontrer le peuple dans ce qui lui est vital.

---

[105] Cf. J.-M. ELA, *Repenser la théologie africaine*, p. 14.
[106] H. CAMARA, *Les Conversions d'un évêque. Entretiens avec José de Broucker*, Seuil, Paris, 1977, p. 107.

Binôme évangélisation – développement

L'annonce de la simple conversion intérieure comme un visa pour le paradis doit être revue. Ce temps nous semble révolu et il faut s'en convaincre. Une authentique annonce de la Bonne Nouvelle doit s'accompagner des signes concrets qui expriment cette nouveauté. C'est dans cette optique qu'il faut accompagner l'annonce de Jésus comme « Voie-Vérité-Vie » par et avec des signes qui traduisent cela dans la vie de ceux qui sont portés à accueillir ce message. Ici, la question du binôme « évangélisation et développement » se pose inéluctablement. Le synode de 1971, parlant de la justice dans le monde, fait des propositions assez intéressantes à ce propos. D'une part :

> « Entendant le cri de ceux qui souffrent violence et sont écrasés par les systèmes et les mécanismes injustes – le cas de l'Afrique notamment – tout comme le défi d'un monde dont la corruption contredit le plan du Créateur, nous avons pris conscience ensemble de la vocation de l'Église à être présente au cœur du monde pour annoncer aux pauvres la Bonne Nouvelle, aux opprimés la délivrance, aux affligés la joie ».

D'autre part et surtout :

> « Le combat pour la justice et la participation à la transformation du monde nous apparaissent pleinement comme une dimension constitutive de la prédication de l'Évangile qui est la mission de l'Église pour la rédemption de l'humanité et sa libération de toute situation d'oppression[107] ».

---

[107] J.-Y. CALVEZ, *Foi et Justice. La dimension sociale de l'évangélisation*, Desclée de Brouwer, Paris, 1985, p. 21.

S'il en est ainsi, le développement dont il est ici question prend un sens à la fois personnel, intégral et communautaire. Personnel, tout projet de développement doit tenir compte de l'homme africain réel, dans son milieu de vie avec ses espérances et ses angoisses. Intégral, il doit envisager l'homme comme un tout avec ses besoins spirituels et matériels. Avec sa soif de justice, de paix, d'amour et de communion. Communautaire, il devra envisager le bien-être de tous et de chacun et ne devra être ni partial ni partisan, encore moins partiel.

Par ailleurs, il faut souligner que cet effort de développement est condition de l'évangélisation. C'est absurde de parler « vie éternelle » à un peuple qui vit au quotidien la « mort temporelle ». C'est incommode de parler « justice qu'est Dieu » à une population qui mène une vie indécente à cause des mécanismes oppressifs qui la condamnent à l'errance. En fait, le développement doit préparer et accompagner l'évangélisation en cherchant, tant soit peu, à enlever l'obstacle de la misère, une misère telle qu'elle ferme le cœur aux préoccupations spirituelles, et, plus largement, provoque une apathie mentale avec frustration du sens de la liberté et incapacité d'engagement personnel dans l'avenir. Ainsi que l'avait déjà noté Pierre Charles :

> « Il est impossible de planter une Église stable dans des pays sans ressources ou exploités, totalement soumis à l'exploitation la plus éhontée et ravagés sans cesse par la mort sous toutes ses formes[108] ».

L'urgence de l'articulation évangélisation et développement n'est donc plus à démontrer. Si en effet, l'évangélisation s'adresse directement à l'homme spirituel pour le transformer dans la vie du Christ, elle ne peut

---

[108] A. SEUMOIS, *Théologie missionnaire IV. Église missionnaire et facteurs socioculturels*, Rome, 1983, p. 91-92.

cependant parvenir aux sphères spirituelles qu'à travers l'homme concret, marqué profondément par sa culture ambiante et aussi par son conditionnement économico-social, en fonction desquels il est naturellement porté à interpréter et à assimiler le message ; et c'est encore cet homme existentiel qui devra transposer dans son comportement son attachement au Christ et le manifester socialement en cohérence avec son milieu socioculturel[109].

On ne le dira jamais assez. Évangéliser en posant également des gestes concrets faisant montre de cette vie que le Christ est venu apporter et continue à donner par l'action de l'Esprit dans son Église en marche, voilà un défi lancé à l'Église dans les pays « de la soif et de la mort ». C'est ce qu'a bien voulu exprimer Paul VI lorsque, analysant les liens entre évangélisation et promotion humaine – développement, libération – il arrive à la conclusion selon laquelle trois liens intimes et profonds lient les deux sphères. Le premier est d'ordre anthropologique, parce que l'homme à évangéliser n'est pas un être abstrait, mais un sujet aux questions sociales et économiques. Sans vouloir s'y restreindre, l'évangélisation doit tenir compte de ces aspects constitutifs mêmes de l'homme à évangéliser. Le second lien est d'ordre théologique, puisqu'il est absurde, injustifiable et incohérent de dissocier le plan de la création du plan de la rédemption qui, lui, atteint les situations très concrètes de l'injustice à combattre et de la justice à restaurer. Le troisième lien enfin est d'ordre éminemment évangélique qui est celui de la charité[110].

Évangéliser donc, c'est apporter la vie. Et, en attendant la « vie éternelle », dans ce monde-ci, nous

---

[109] A. SEUMOIS, *Théologie missionnaire IV. Église missionnaire et facteurs socioculturels*, p. 5.
[110] PAUL VI, *Evangelii nuntiandi*, Saint-Paul Afrique, Kinshasa, 1987, n° 31.

avons besoin de mener une vie acceptable qui rendra l'attente supportable.

Apprendre à rendre compte de l'espérance qui est en nous

« Je pense que l'Église doit cesser de nous sermonner et nous laisser le temps de mettre en pratique tout ce que nous avons déjà entendu. Le temps des sermons est révolu. Maintenant, il faut vivre. Trop de sermons rendent sourd. » Ces paroles d'un jeune universitaire paraissent dures, brutales et même extrémistes. Mais, quand même, il y a du vrai. Faisant allusion à son allocution aux membres du Conseil des laïcs, Paul VI reprenait dans « *Evangelii nuntiandi* » que : « L'homme contemporain écoute plus volontiers les témoins que les maîtres ou s'il écoute les maîtres, c'est parce qu'ils sont des témoins[111] ».

Par-delà l'apparente différence d'articulation de ces deux acceptions, un point de rencontre se dégage : le témoignage d'une vie authentiquement chrétienne livrée à Dieu et donnée aux frères dans un dévouement sans faille est un moyen d'évangélisation sans pareil. C'est donc, poursuit le Saint-Père, par sa conduite, par sa vie, que l'Église évangélisera le monde, c'est-à-dire par son témoignage vécu de fidélité au Seigneur Jésus[112]. L'urgence de ce témoignage devient plus actuelle partout où l'homme meurt et se meurt, faute de justice. Car, selon l'heureuse formule de Bonhoeffer, « l'Église n'est Église que lorsqu'elle est là pour les autres[113] ».

C'est là seulement qu'il est possible d'examiner et de vérifier si, à partir de notre fidélité à l'Évangile, nous pouvons amener les autres à s'interroger sur le message que nous vivons et, peut-être, à partir de ce constat et de ce

---

[111] PAUL VI, *Evangelii nuntiandi*, n° 41.
[112] Cf. PAUL VI, *Evangelii nuntiandi*, n° 41.
[113] H. MOTTU, *Dietrich Bonhoeffer*, Cerf, Paris, 2002, p. 82.

choc, à se remettre en question eux-mêmes et à laisser l'Esprit nous évangéliser à travers les questions des autres. C'est donc une invitation pour les chrétiens à plus d'audace, d'imagination et de cohérence entre ce qu'ils croient et vivent pour ainsi amener ceux qui ne croient pas à s'interroger sur le pourquoi d'un tel engagement. Comme le dit Ela, ce à quoi l'esprit invite les chrétiens et les Églises, c'est à l'invention d'un art de vivre l'Évangile de telle manière que le témoin du Christ devienne réellement un homme-signe, une question pour autrui, par la capacité de provocation et d'interpellation de son expérience de vie[114].

Au demeurant, dans un « monde embrouillé » où la majorité de ceux qui écrasent leurs frères sont des chrétiens, si pas de fait du moins de nom, l'Église devra revoir la qualité de son enseignement et la valeur de son témoignage pour essayer, tant soit peu, de pallier ce drame. Il serait absurde de constater que ceux qui proclament et chantent « l'amour et la paternité d'un Dieu-Bon et même très bon », soient incapables, une fois hissés à une responsabilité quelconque, de vouloir et de promouvoir le bien de tous, comme s'il y avait incompatibilité entre vie chrétienne et responsabilité, entre vie chrétienne et service des frères.

L'autre front sur lequel doit exercer avec une force toute spéciale le témoignage de l'Église est celui des lieux où on assiste aujourd'hui à l'holocauste de l'avenir de l'Afrique.

Qu'il s'agisse des jeunes soumis au chômage, des enfants abandonnés, des veuves dépossédées, des ouvriers martyrisés, des cadres bidons et incompétents, des médecins, infirmiers et infirmières inhospitaliers, des étudiants obligés de corrompre et des étudiantes plaquées contre le mur et dont l'unique moyen de s'en sortir est de

---

[114] J.-M. ELA, *Repenser la théologie africaine*, p. 222-223.

se livrer ou aux professeurs ou aux autres étudiants se passant pour des connaisseurs ; voilà les lieux de la descente aux enfers où le témoignage de l'Église et des chrétiens doit devenir une re-mise en question des mœurs et des habitudes et, partant, une énergie de redressement de la situation. Témoigner en vivant et vivre en témoignant, voilà ce qui convient le mieux aujourd'hui dans un monde où ceux qui devraient témoigner brillent par l'absentéisme et ceux qui devraient recevoir leur témoignage se sentent de plus en plus menacés et cherchent ainsi à noyer et à expulser tout ce qui a un relent de remise en question.

La culture de la désobéissance

Dans un continent où le pauvre est sans prix, où le protectionnisme est l'unique garantie pour rêver un avenir splendide, où le pouvoir expose à la place de sécuriser les personnes et leurs biens, où parler est un affront public contre ceux qui se croient investis d'un pouvoir divin, où le chef a toujours raison, il a toujours eu raison, parce que la nature, les ancêtres et Dieu lui ont définitivement donné raison, où se taire la mort dans l'âme est couronné et récompensé par un brevet d'orthodoxie et de bonnes mœurs ; quelle annonce faire ? Faut-il se taire ? Organiser les funérailles de la vérité ? Faut-il prêcher un conformisme béat ? La résignation ? La mort de la parole ? Il nous semble que dans un tel contexte, il faut annoncer le Dieu qui s'oppose à la soumission et à l'assujettissement de l'homme par l'homme.

Que l'on se rappelle du Dieu de l'exode qui, ayant vu et entendu la misère et les cris de son peuple, a résolu de le libérer. Que l'on ait en mémoire la virulence des prophètes de l'Ancien Testament, qui n'ont jamais accepté que l'homme devienne pour l'homme une bête de somme.

Que l'on se rappelle des débuts de l'Église où la lutte pour l'annonce de la Bonne Nouvelle du salut s'accompagnait de la lutte pour la dé-sacralisation de toutes les idoles. Oui, à ses débuts, l'Église avait compris – heureusement – que si Dieu est Dieu, César est un homme, tout simplement. Se soumettre à un système oppressif, sans dire mot, c'est en devenir complice. Qu'il s'agisse de l'annonce ou de la réflexion sur Dieu en Afrique, alors tout, je dis bien tout, doit s'inscrire dans la dynamique de la désobéissance. Rappelons-nous les paroles de mon grand-père : « Là où la parole est libérée, la fraternité entre les hommes devient possible. » Plus que jamais, au milieu du désordre et du chaos qui règnent en Afrique, où le respect de la dignité humaine s'est évadé de la cité, où la complaisance a élu domicile, il faut se passer d'un christianisme complaisant qui ne prend pas en compte les aspirations les plus profondes de l'homme africain. Il est grand temps alors de faire voir à l'homme africain qu'il n'y a pas d'obéissance là où il y a péché, incompétence, désordre, oppression et injustice. La soumission sous toutes ses formes, en même temps qu'elle écrase l'homme, lui enlève la dignité de fils de Dieu, créé pour mener une vie libre et heureuse. Le fils de Dieu lui-même ne s'est-il pas opposé au légalisme ritualiste de son temps ? Comme l'affirme avec honnêteté Ela :

> « Dans les situations de terreur, de coercition et de pénurie qui sont le visage du péché et de la mort, cette théologie ne prend sa valeur que lorsqu'elle s'enracine dans le vécu des pauvres. Face aux brigands qui, au sein d'États corrompus et de dictatures répressives laissent des êtres humains nus et dépouillés au bord de la route, après leur avoir arraché leurs biens, la théologie qui nous préoccupe est une théologie

de la dissidence évangélique et de l'insoumission[115] ».

Dans la mesure exacte où, selon la formule célèbre de Jean-Paul II, « l'homme est la route fondamentale de l'Église », il nous faut désormais et urgemment assumer le sort de tous les « exclus de l'histoire » et, en même temps, les aider à comprendre que leur souffrance n'est pas voulue par Dieu[116]. Dans une société où l'étouffement de l'homme par son frère fausse et brise les rapports humains, l'Église et les chrétiens doivent se dresser sur la pointe des pieds, et s'adresser à la fois au bourreau et à la victime. Au premier, ils diront : « Dis donc, n'écrase pas ton frère », au second, « ne te laisse pas écraser par ton frère ». Et, dans ces circonstances de flagrant déni de la dignité humaine et de flagrant délit d'imposture, évangéliser, c'est protester, dire non et montrer le visage d'un Dieu qui veut que l'homme soit libre[117].

Repenser la prière et notre manière de prier

La journée de récollection était longue, semblait très longue même. Heureusement, elle touchait à sa fin. Avant de nous engager sur le chemin de retour, comme prévu, nous allions prendre un petit temps de prière d'ensemble. Nous aurions voulu que la prière soit spontanée. « Non, ce n'est pas possible. Sans chapelet, sans petit livret de prières dédiées à un saint ou à une sainte, sans bougie, la prière n'est ni possible ni envisageable », s'enflamma un jeune homme.

Voilà plus ou moins en quels termes se pose la question de la prière aujourd'hui en Afrique. Prier peut se

---

[115] J.-M. ELA, *Repenser la théologie africaine*, p. 87.
[116] Cf. J.-M. ELA, *Repenser la théologie africaine*, p. 239.
[117] Cf. B. ILUNGA KAYOMBO, *Les Chemins de la liberté*, Éditions Don Bosco, Lubumbashi, 2000, p. 48.

résumer en ceci : réciter le chapelet, lire un passage de la vie d'un saint, allumer la bougie. Sans cela, pas de prière. La dimension contemplative n'est ici ni comprise ni pratiquée. Ela fait une remarque judicieuse :

> « Il semble urgent de retrouver la dimension contemplative de la prière chrétienne dans les Églises d'Afrique où, en dehors du Rosaire, du chemin de croix ou du salut du saint sacrement et d'autres formes de piété et de dévotion, de nombreux chrétiens ne savent pas toujours comment s'y prendre pour se tenir devant Dieu et prier[118] ».

De cette constatation, plusieurs implications en découlent. La plus importante est sans doute qu'il faut redécouvrir la dimension contemplative de la prière, surtout dans un contexte où la course à la survie est telle que le bavardage, le bruit et le tapage tant diurne que nocturne ont élu domicile au cœur de la cité.

Parlant de la contemplation, le père Voillaume écrit : « Il s'agit ici d'une réalité qui touche à la vie la plus intime d'une personne humaine ; elle suppose que des rapports de connaissance et d'amitié puissent s'établir entre l'homme et un Dieu se révélant comme personnel[119] ». L'essentiel de cette expérience qui touche la profondeur de l'homme est qu'il entre en intimité, de manière personnelle avec un Dieu personnel. Ici notamment, la parole se tait et cède le pas à une intériorité qui fait croître dans l'expérience de Dieu. Comme l'avait déjà dit Philips, une décennie bien avant Voillaume, la prière sans paroles n'est pas le monopole des moines[120].

---

[118] J.-M. ELA, *Repenser la théologie africaine*, p. 247-248.
[119] R. VOILLAUME, *La Contemplation aujourd'hui*, Cerf, Paris, 1971, p. 43.
[120] Cf. G. PHILIPS, *Pour un christianisme adulte*, Casterman, Paris, 1963, p. 209.

À ce niveau d'approche, un aggiornamento de certaines manières de prier en Afrique s'impose. Il y a pour ainsi dire l'urgence d'un changement de cap. Aux prières déjà fixées d'avance auxquelles l'on ne fera plus que réciter, répéter, quelquefois même sans s'en rendre compte, il faut des prières spontanées qui tiennent compte de la vie, heureuse ou malheureuse, de celui et de celle qui prient. Comme disait une vieille maman, après visite chez elle, « c'est comme si vous connaissiez le drame que je vis. Votre intention de prière en a fait montre. À présent, je me sens dégagée d'un fardeau qui m'écrasait ». En un sens, la spiritualité qui se cherche aujourd'hui en Afrique est celle et doit être celle qui constitue un lieu d'intégration entre la foi et l'histoire, l'Évangile et la société, la prière et la vie, dans un contexte où le Seigneur de la vie se manifeste dans les situations de mort. Il est alors important de développer dans nos communautés, note Ela, cette capacité de l'homme africain à voir, à servir Dieu en toutes choses et à s'inscrire dans une perspective de foi où l'on peut vivre pleinement sa relation à Dieu dans le temps du monde sans jamais séparer la contemplation et les luttes pour la vie[121].

Une autre façon de prier à repenser est celle des prières évasives, sans lien apparent avec les lieux où se vit le drame de l'histoire. Un fait est certain et ne doit pas être oublié : il est impossible de s'approcher du Crucifié sans s'approcher des crucifiés de notre temps. Dès lors, la spiritualité chrétienne, qui ne peut se confondre avec l'intériorité, exige de rompre avec une religion désincarnée pour assumer les aspirations humaines et la totalité du créé à travers les médiations historiques dont il faut reconnaître le rôle salvifique. C'est au cœur du tragique de notre existence que nous devons nous ouvrir dans la prière au Dieu qui vient vers nous. S'ouvrir à cette

---

[121] Cf. J.-M. ELA, *Repenser la théologie africaine*, p. 252-253.

présence par la foi, c'est sans aucun doute, contempler Dieu aujourd'hui à l'œuvre dans l'histoire en train de se faire[122].

Telle est l'expérience qu'il faut tenter de vivre en Afrique pour re-dynamiser la foi et ouvrir notre relation à Dieu à plus de spontanéité, de familiarité, de conversation et d'inventivité car, quand le rapport avec Dieu est faussé, les relations humaines deviennent un champ de bataille.

Une éthique de la vie

Le moins qu'on puisse dire est qu'il nous faut, aujourd'hui en Afrique, une éthique de la vie. En effet, l'évangélisation d'un homme, fils de sa culture et, façonné par cette dernière, devra s'articuler avec la lutte pour la promotion humaine. À l'homme africain qui désespère, il faut oser dire : « *Tu ne mourras pas* ».

Au fait, face aux phénomènes de déshumanisation, nous avons besoin d'une éthique de la vie qui rassure l'homme que la mort n'a pas le dernier mot. Pour qu'une telle éthique soit plausible, nous devrons lutter pour l'avènement d'un monde où les visages d'hommes et de femmes rayonneront de la joie de Pâques.

Ce changement exige que la défense des pauvres soit sans cesse et inlassablement à réinventer, car les menaces qui pèsent sur eux, les plaies qui les rongent changent avec le temps, prennent des formes nouvelles. Bref, les humbles et les petits nous mènent, et nous ne savons pas où ils nous conduisent. Qu'importe ! Puisque nous savons qu'ils ne veulent rien d'autre qu'un peu de vérité ; de justice et de paix... pour vivre[123].

---

[122] Cf. J.-M. ELA, *Ma foi d'africain*, p. 121.
[123] J. WRESINSKI, *Heureux vous les pauvres*, Cana, Paris, 1985, p. 13-14.

Il est indéniable que le monde passe et traverse un moment de crise généralisée et que, par moment, nous avons la triste impression que les forces du mal l'emportent aujourd'hui sur celles du bien. Il n'est plus rare de voir la justice, la paix, le respect de la dignité de la personne humaine à la traîne, ou carrément piétinés. Et cependant, nous qui croyons au Christ « mort et ressuscité », sommes appelés à vaincre le monde par notre foi (Jn 5, 4), parce que nous appartenons à celui qui, par sa mort et sa résurrection, a remporté pour chacun de nous la victoire sur le péché et sur la mort, et nous a en outre rendus capables de nous affirmer humblement et sereinement, mais sûrement, en faveur du bien et contre le mal. Le message, accompagné d'une praxis, à annoncer aux chrétiens africains et à l'Afrique en général, est qu'ils sont du Christ, et c'est lui qui vainc en eux. Ils doivent, plus que jamais, vivre de cette certitude, de cette éthique de la résurrection, sinon les difficultés sans cesse renaissantes, la croix de l'injustice et de la misère auront de plus le pouvoir de faire pénétrer dans leurs âmes cet insidieux ver rongeur qui s'appelle découragement, accoutumance, défaitisme, adaptation passive à la domination du mal[124].

En effet, dans une Afrique où les « signes de mort » ne sont plus à démontrer, ce message est une Bonne Nouvelle et, cette dernière est double : elle annonce la victoire du Christ et sur le mal et sur la mort, d'abord ; puis elle promet le pardon et la résurrection, et donc, elle autorise à vivre avec audace[125].

En sus, quelque chose doit être revu dans l'annonce et la praxis chrétiennes en Afrique. Il nous faut passer, cela s'entend, d'une éthique de la conversion –

---

[124] JEAN-PAUL II, *Dix repères pour l'an 2000. Texte présenté aux Français par le cardinal Paul Poupard*, Desclée de Brouwer/J.-C. Lattès, Paris, 1994, p. 24.
[125] J. DELUMEAU, *Ce que je crois*, Grasset, Paris, 1985, p. 109.

spirituelle seulement – à une éthique de la vie. Peut-être faudrait-il conjuguer les deux ensembles. Non pas seulement une conversion du cœur – ce qui est nécessaire et qu'on ne peut point négliger – mais aussi et surtout – peut-être – travailler tous à l'avènement déjà ici sur terre et dans notre milieu ambiant, d'un monde viable, fiable et supportable, signe patent et éclatant du « déjà-là » mais « pas encore ». Du reste, cela devra se montrer et se démontrer par une praxis ecclésiale qui mènera une véritable croisade contre la souffrance sous tous ses aspects.

Église d'Afrique : mystère de la présence

Dans ce dernier versant du troisième moment de notre propos, nous voulons répondre à deux questions dont la portée de la réponse, selon qu'elle est réaliste ou passive, définira pour longtemps encore la fécondité ou non de l'Église en terre africaine, surtout dans ces temps d'hésitation qui sont les nôtres. La première question se formule simplement, sans pour autant être simple. Quelle présence d'Église en Afrique ? La seconde prolonge la première ou, plus nettement, fait éclater son horizon : une Église prophétique ? Voilà les deux claviers sur lesquels nous allons jouer dans ce versant.

Quelle présence d'Église ?

La question peut paraître banale, élective même. Mais elle a des enjeux très profonds. Vu le contexte qui est le nôtre, la manière d'être de l'Église définira sans doute sa capacité réelle à être pour l'Afrique une force mobilisatrice.

Une Église au service des droits de l'homme

Dans un contexte où les droits de l'homme les plus élémentaires sont non seulement ignorés mais aussi et surtout bafoués, l'Église, « experte en humanité » comme disait le bon pape Paul VI, doit pouvoir dire un mot. Si elle ne le fait pas, qui le ferait à sa place ? Exigence donc de sa vocation et de sa mission. Sans doute, au cœur des impasses actuelles où tout semble en panne, où l'indécision et la justification deviennent des modes d'êtres assumés et acceptés par tous dans une Afrique courbée et incapable de se relever, où le « complexe d'innocence » bat son plein, où l'Afrique se considère comme une victime qui ne fait qu'encaisser les coups des grands, même pour ses propres hésitations, l'Église se trahirait et trahirait son Christ et Seigneur qui a placé tout son ministère sous le signe d'un combat contre le mal et pour le bien de l'homme dans son intégralité. C'est de cette manière seulement que l'Église pourra et saura dénoncer la violation des droits de l'homme dans une Afrique qui semble faire de la médiocrité un luxe.

Une Église qui réconcilierait vie chrétienne et action

De toute évidence, à un moment aussi important et opportun pour l'avenir de l'Afrique, il faut que le christianisme se montre sous son visage authentique. Si les chrétiens devaient donner et donnaient évidemment l'impression d'être avant tout préoccupés de l'au-delà, du salut de leurs âmes, du piétisme, du « Chapeletisme » et se révélaient peu efficients sur le plan humain, le christianisme perdrait, comme il en perd déjà, son attirance et son influence. C'est une question de vie ou de mort. De pertinence aussi. De crédibilité surtout. Il faut, et cela à tout prix, que les chrétiens africains, vu la situation qui est la leur, se montrent effectivement efficients et agissants sur le plan temporel, aptes à transformer de l'intérieur et en profondeur le triste paysage de l'Afrique en vue de le rendre meilleur, heureux et plus éclatant. Comme l'écrit Robert Guelly :

> « Le service de Dieu n'est pas une évasion, il a au contraire comme condition le réalisme. La religion nous élève, non en nous faisant échapper aux problèmes qui nous tenaillent – ce que nous pouvons attendre par exemple de la musique ou de la poésie – mais en nous rendant capables de faire face aux circonstances qui nous déroutent et aux difficultés qui nous arrêtent, en nous donnant de mieux voir et de mieux prendre en mains tout notre labeur d'homme. Notre adhésion à Dieu doit stimuler notre "sens du réel" ; il faut être fidèle au réel, à tout le réel, pour être pleinement fidèle à la grâce[126] ».

Tâche certainement ardue, cela s'entend, surtout dans un contexte où être chrétien ne donne aucun privilège de faire entendre sa voix. Mais à bien voir et à dire vrai, elle n'est pas impossible. Notre conviction intime et profonde s'avère que pour assurer au christianisme le rôle de « donneur de sens » en Afrique, il faut à tout prix et sans complaisance aucune, que chaque chrétien et chacun des chrétiens se révèle un élément de valeur dans tous les secteurs où l'homme africain meurt et se meurt, en agissant à la fois dans l'ordre spirituel et temporel et que l'Église, d'abord et surtout elle, s'affirme et se confirme à la tête du progrès humain sous tous ses aspects[127].

---

[126] R. GUELLY, *Vie de foi et tâches terrestres*, Casterman, Tournai, 1960, p. 114.
[127] Cf. G. MOSMANS, *L'Église à l'heure de l'Afrique*, Casterman, Tournai, 1961, p. 162.

Une Église engagée et dégagée

Qu'est-ce que l'Église ? Avec beaucoup de verve et force de persuasion, le père Guy Mosmans tranche : « L'Église c'est le Christ transformant le monde par la transformation du monde en Lui ». Ceci nous semble bien dit et, le disant, il dit vrai. L'Église doit être à la fois engagée et dégagée dans et de la sphère du temporel. Elle doit être engagée dans le temporel pour le transformer, pour lui donner un peu plus de foi, un peu plus d'élan, un peu plus de dynamisme, de cœur même.

On pourrait ici dire que la foi chrétienne impose au croyant d'autres devoirs que des devoirs proprement religieux. Pour que le monde aille à Dieu, il y faut d'autres activités que la prière. Mêmement, pour que les hommes vivent ensemble dans la charité et en frères, il faut autre chose que la charité et la fraternité ; il faut, par exemple, les relations d'affaires, les conventions économiques, les réalisations sociales. Pour que s'établisse la paix entre les hommes, il ne suffit pas – aussi – de la demander dans et avec des prières stéréotypées et académiques adressées à Dieu dans un lyrisme poétique qui force l'admiration, il ne suffit pas non plus de propager, dans une prédication dépourvue de réalisme, l'esprit de l'Évangile comme si cela allait de soi : il est nécessaire que soient résolues, dans l'esprit d'entente, de dialogue et de respect mutuel qui est celui de l'Évangile, des questions d'ordre vital dans l'amiable. L'important n'est donc pas brandir l'Évangile mais s'engager et agir avec un esprit évangélique. Les chrétiens qui veulent, par exemple, le triomphe de la charité, ont à prendre leurs responsabilités dans toutes les entreprises où elle doit s'incarner[128].

Mais en même temps et, dans un mouvement de reprise de soi, l'Église doit se dégager de toute réalisation

---

[128] Cf. R. GUELLY, *Vie de foi et tâches terrestres*, p. 117-118.

particulière. Libre, elle doit l'être vis-à-vis d'elle-même, vis-à-vis de ses réussites sporadiques ou temporelles, libre aussi vis-à-vis de toutes les institutions dont elle provoque l'apparition et cela, non dans un but d'opportunité, mais en vertu de ses exigences authentiques. L'Église doit agir sans se lier, chercher à s'incarner sans s'y limiter. Elle doit être présente partout et dans tous les secteurs et partout libre. Terrible destinée et pourtant condition de sa crédibilité dans une Afrique qui cherche dans les ténèbres d'une nuit privée d'étoiles et au fond d'un tunnel sans suite, les voies de sortie et de survie.

Au regard de ce qui précède, nous osons croire et l'audace nous pousse et porte à croire que quand il s'agit de l'Église du Christ, on ne peut perdre de vue et son engagement et son dégagement. Si on oublie et on l'oublie souvent – malheureusement – que l'Église est une réalité supérieure au temps et à l'espace, aux formes de vie et de civilisation, on voudra toujours la faire tenir dans un cadre de facture humaine et même trop humaine qu'on lui décrétera lui convenir plus particulièrement ; mais, ce faisant et par ce fait même, on la réduira à n'être qu'une société, semblable aux autres, et donc, relative, transitoire et finalement caduque. Si on oublie, au contraire, qu'elle prend corps et s'enracine dans l'histoire, sous les revêtements que lui impose la figure changeante de ce monde, tout en restant identique à elle-même, on en fera une inspiration vague, insaisissable et inconsistante. L'Église est et doit être, absolument, à la fois engagée et dégagée. Les deux facteurs d'incarnation et de dépassement sont et doivent être perpétuellement en état de tension, tension salutaire car c'est d'elle qu'est faite toute la marche en avant de l'Église et que se joue son destin en terre africaine[129].

---

[129] Cf. G. MOSMANS, *L'Église à l'heure de l'Afrique*, p. 168.

À quand une Église vraiment prophétique en Afrique ?

Qu'est-ce qu'un prophète ?

Cette question nous a été brutalement posée au cours d'un de nos entretiens scientifiques avec la jeunesse actuelle de plus en plus avide de connaître. Dans une brève section introductive intitulée « Actualité de la prophétie » d'un livre qui lui a été demandé de préfacer, Boff écrivait :

> « Le prophète est toujours l'homme d'un moment de l'histoire. Il capte les cris venus du monde des "damnés de la terre". Il dénonce les injustices avec une indignation sacrée. Mais il annonce aussi les rêves créateurs de sens, et il ouvre l'histoire à un avenir porteur d'espérance[130] ».

On s'en rend bien compte, le prophète est donc non pas le devin qui prédit l'avenir, mais l'analyste qui discerne et propose les conditions de sa construction[131]. Si tel est le cas, l'Église en Afrique doit être prophétique ou ne sera pas. C'est une tâche à laquelle, par vocation et par devoir, l'Église africaine doit et devra s'assigner et à laquelle elle ne saura se dérober eu égard à la délicate question que nous appelions ci-haut : « La complexité du problème africain ». Cela, non parce qu'elle est de droit qualifiée pour suppléer aux déficiences des sociétés africaines, comme si par révélation ou par « expertise en humanité » elle savait de science infuse selon quelles procédures elles peuvent ou doivent se construire, mais parce qu'elle est l'objet d'une demande sociale dont la source est dans l'inquiétude ou l'angoisse des Africains devant un avenir incertain, alors incertain et menaçant[132].

---

[130] R. GARAUDY, *Vers une guerre de religion ? Le débat du siècle*, Desclée de Brouwer, Paris, 1995, p. 7.
[131] Cf. V. COSMAO, *Changer le monde*, p. 93.
[132] Cf. V. COSMAO, *Changer le monde*, p. 93-94.

Prophétique, l'Église doit l'être et l'exercer en terre africaine. C'est un fait et une exigence. Mais... de quelle manière ?

Une Église enracinée

Pour le moins qu'on puisse dire, le christianisme doit s'imprégner des espérances et désespérances du peuple africain. Telle nous semble une des conditions de sa survie. Reconsidérons les mots de Boff : « Le prophète est toujours l'homme d'un moment de l'histoire ». Ceci semble bien dit. Refus donc d'un spiritualisme qui se meut en spiritualitisme là où l'homme meurt, faute de paix et de pain, de justice et de vérité. Dans cet « instant des possibles », comme nous l'écrivions dans un de nos romans, où se joue le destin de l'Afrique, l'Église doit se faire remarquer par une présence active et participative au nettoyage de l'obscure-clarté du visage de l'Afrique qui apparaît sans y apparaître. En effet, la Bonne Nouvelle à annoncer au peuple doit trouver un écho favorable dans le cœur et au cœur de ce peuple enivré par de mauvaises nouvelles. En un sens, l'Église africaine doit prendre racine et s'enraciner dans le contexte actuel de l'Afrique. Et si elle s'y obstine, se plaisant et se complaisant dans une doctrine et dans une morale sans lien avec les vraies et réelles préoccupations des Africains, sa crédibilité sera largement entamée, sa présence ignorée et le seul nom de Dieu prononcé suscitera de vives réactions : indifférence pour les uns, insensibilité pour les autres. Il suffit, pour s'en convaincre, de citer cette palpitante et percutante interrogation de la jeune femme Kirdi, en colère : « Dieu, Dieu, et après[133] ? »

Pour cette femme en effet, dans un contexte qui se cherche et se recherche, la question de Dieu, si elle ne

---

[133] J.-M. ELA, *Repenser la théologie africaine*, p. 8.

s'accompagne des actions concrètes et d'un engagement existentiel réel, doit être revue et re-formulée. On s'en rend aisément compte, le prophétisme est toujours contextuel. Bref, l'articulation entre la libération et la parole de Dieu est toujours dépendante du moment de l'histoire vécue[134]. Quelles formes d'engagement sont possibles et envisageables dans l'Afrique d'aujourd'hui ? Quelles paroles sur Dieu y articulées ? Tel est le débat continental et ecclésial.

Une Église qui entre en débat et accepte le débat

Nul ne le contestera, la question est difficile. Complexe aussi son articulation. Et pourtant, elle est salutaire. Pour crédible qu'elle désire être, l'annonce de Dieu en Afrique doit nécessairement entrer en débat avec l'homme africain dans son quotidien. La parole et les convictions de l'Église doivent impérativement accepter d'engager un débat franc et sincère avec la réalité africaine. Ce débat doit être ouvert et sans voile. Pour sa réussite, il faut et il faudrait certainement se défaire de certaines habitudes séculaires qui empêchent quelquefois – malheureusement – l'Église de s'engager à bras ouvert dans un débat qui pourrait éventuellement l'amener à revoir certaines de ses habitudes, valables certainement pour un temps, si jamais elles se révélaient incompatibles avec la réalité. L'Afrique a en effet besoin et grandement besoin d'un tel débat, pourvu qu'elle vive, nourrie de la sève évangélique. Le chemin est certes rude mais il faut l'entamer. Quant à l'Église, la tentation à laquelle elle succombe quelquefois est de ne pas considérer sa parole comme partielle, comme une parole qu'elle reçoit des

---

[134] Cf. J. REDING, *Recherche de sens et évangélisation dans une société morcelée*, Éditions ouvrières, Bruxelles, 1992, p. 71.

autres dans un échange. Sa parole est alors de surplomb et risque de devenir totalisante[135].

Avec une telle attitude, si la parole de l'Église n'arrive pas à dire le réel vécu comme il faut et comme il se doit, elle tombe alors dans le ridicule. D'où l'urgence de négocier avec l'homme africain, de le comprendre et de comprendre ce qu'il est, cherche, veut et ne veut pas, ce à quoi il aspire et ainsi chercher à dire Dieu après avoir cherché et trouvé comment le dire. Cette parole doit être capable de capter les cris venus du monde des « damnés de la terre » et de briser avec sa puissance transformatrice ce monde coquillé où, à force de souffrir et de gémir, la parole des pauvres a fini par devenir un cri.

Une Église qui parle et qui accepte le débat critique

Proclamer une parole et une parole de vie qui appelle et invite à la vie dans une vallée « d'ossements desséchés » (Éz 37, 1) qui est sans conteste notre Afrique aujourd'hui, est une tâche essentielle pour une Église née du « verbe fait chair » qui a envoyé ses disciples dans le monde annoncer la Bonne Nouvelle. C'est par la parole que se fonde et s'exprime le sens que les hommes veulent donner à leur présent et à leur avenir. Par elle que des existences s'expliquent, autour d'elle qu'un peuple se rassemble et ose poursuivre la marche malgré la fatigue du chemin[136]. Nous nous rappelons ici notamment cette parole déjà citée : « Là où la parole est libérée, la fraternité entre les hommes devient possible. La justice une réalité, la charité un devoir et le bien-être de tous une conquête et une conquête d'ensemble ». Vu la misère, eu égard aux

---

[135] Cf. J. REDING, *Recherche de sens et évangélisation dans une société morcelée*, p. 72.
[136] Cf. J. TEMPLIER, *Pratique militante et parole d'église*, Le Centurion, Paris, 1975, p. 8.

malheurs et compte tenu des injustices dont l'Afrique et l'Africain sont victimes, l'Église d'Afrique, pour sa crédibilité, doit et devra apprendre à délier sa langue, à briser « l'éthique du silence ». L'Église d'Afrique doit annoncer et dénoncer sans renoncer. Un tel engagement s'accompagne naturellement d'un risque. Le risque de ne pas être entendu, le risque d'être combattu. Le risque d'être persécuté même. Mais il faut oser, pourvu que la parole soit libérée. Pourvu que sa parole devienne Bonne Nouvelle et annonce des temps nouveaux pour les pauvres qui ont fini par comprendre qu'espérer l'inespéré est une folie. Oui, face aux pouvoirs qui pillent et qui tuent, l'Église est envoyée pour prêcher l'Évangile par la parole et par les actes. Elle ne peut donc se taire puisqu'elle n'a pas été envoyée pour se taire, au risque de manquer à sa mission[137]. Oui, se taire serait à la fois mourir et être complice des mécanismes de mort. Un catéchiste nous disait : « Quand ça ne va pas, je préfère parler et stigmatiser le mal. Quand bien même je n'ai pas de solution sur-le-champ, quand même j'ai indexé le mal. Me taire, c'est mourir ». Oui, dans ce continent de la « soif et de la faim », l'Église aura bien fait de faire siennes ces paroles.

Une Église qui espère et fait croire en l'avenir

Dans cet avant-dernier versant de l'exigence prophétique de l'Église en Afrique, nous voulons reprendre à nouveaux frais l'interrogation du cardinal Thiandoum qui nous a servi de panier englobant au chapelet d'interrogations qui ont constitué notre problématique : Église d'Afrique, s'exclamait le prélat,

---

[137] Cf. M. CHEZA, *Le Synode africain*, p. 319.

que dois-tu devenir maintenant pour que ton message soit pertinent et crédible ?

La réponse à cette grave interrogation qui, du reste, a canalisé et orienté toute notre réflexion dans cette dissertation, nous semblons la trouver dans la conviction de Boff selon laquelle « le prophète doit aussi et surtout annoncer les rêves créateurs de sens et ouvrir l'histoire à un avenir porteur d'espérance ». Oui, pour sa crédibilité, l'Église doit apprendre, dans les temps qui sont les nôtres en Afrique, à passer du « constat à l'action » ; mieux encore à passer de la « civilisation du constat et de l'analyse verbale et verbaliste » à la « civilisation des propositions concrètes, constructives et conséquentes » pour un avenir verdoyant et flamboyant. Oui, dans un contexte où l'hésitation et l'insécurité, la peur du lendemain disons, deviennent le lot quotidien des Africains, le chrétien est avant tout celui qui doit rendre raison de l'espérance qui est en lui (1 Pi 3, 15) et inviter par ce fait même les autres à s'y impliquer. Une telle espérance loin d'être tout simplement affirmative, décorative et proclamative, devra davantage être et devenir active et subversive de l'ordre établi. Oui, l'Église africaine et avec elle, les chrétiens africains, doivent savoir qu'espérer, au sens vrai et propre du terme, ce n'est pas connaître le futur, mais être disposé à l'accueillir dans la foi comme un don de Dieu, dans une attitude d'enfance spirituelle. En même temps, ce don s'accueille dans le refus de l'injustice, dans la protestation contre les droits de l'homme foulés au pied et dans la lutte pour la paix, le pain et la fraternité. C'est pour cela que l'espérance accomplit une fonction mobilisatrice et libératrice de l'histoire, fonction qui n'est pas tellement apparente, mais qui est réelle et profonde[138].

---

[138] Cf. G. GUTTIÉREZ, *Théologie de la libération. Perspectives*, Lumen Vitae, Bruxelles, 1974, p. 220.

Une Église qui espère est donc une Église capable de susciter en elle et autour d'elle un relent d'espérance en arrachant la vie du gouffre des pesanteurs qui l'empêchent de s'épanouir. Ainsi, au lieu d'une évasion dans le spirituel – ce qui est de toute évidence une bonne chose – l'Église devrait davantage aider à favoriser la prise de conscience au cœur des communautés qui s'organisent pour rompre avec les situations d'injustice. Cette option devient plus urgente et foncièrement prophétique dès lors que l'on se rend compte avec réalisme que sans l'Église, personne ne peut être attentif aujourd'hui, en Afrique, aux cris d'hommes et des femmes, des jeunes en désarroi qui cherchent le chemin de la vie et de la dignité[139]. Posons-nous franchement la question : suffit-il d'espérer ? Peut-être que l'Église doit devenir plus offensive en créant des espaces du possible pour des lendemains qui enchantent.

Une Église créatrice d'utopie

Qu'est-ce à dire ? La distinction célèbre et éloquente de K. Mannheim entre idéologie et utopie semble offrir et nous offre un excellent point de départ et d'appui dans cette entreprise. Selon Mannheim, les idéologies reflètent l'ordre social existant et tendent à le préserver et à le consacrer en le justifiant, alors que les utopies projettent dans l'avenir les transformations du statu quo que l'on souhaite[140].

Ceci nous semble bien dit et reflète assez élégamment la mission qui est celle de l'Église dans ces temps qui sont les nôtres en Afrique. Oui, notre Église doit être et devenir utopiste, et, le devenant, aider les hommes et les femmes, les jeunes et les enfants, tentés par le

---

[139] Cf. J.-M. ELA et R. LUNEAU, *Voici le temps des héritiers*, p. 188.
[140] Cf. C. WACKENHEIM, *Christianisme sans idéologie*, Gallimard, Paris, 1974, p. 165.

découragement à reprendre courage et à oser marcher. Un chant, souvent exécuté pendant le temps de l'Avent, est assez révélateur à ce propos : « Dites à ceux dont les cœurs défaillent, courage et n'ayez plus peur ». Ce chant, nous l'aimons et tels devraient être la mission et le message de réconfort de l'Église aujourd'hui en Afrique. Oui, une Église créatrice d'utopie dans une Afrique en crise de perspective est la bienvenue. Une Afrique qui parle, crie, chante et danse « vie » pendant que sa praxis quotidienne détruit et mène une véritable croisade contre cette même vie, a besoin d'une nouvelle utopie. C'est le temps des utopies. L'Église a un mot à dire à ce propos. Elle le peut parce que sa mission ne lui vient pas d'un homme.

Elle est témoin du « Tout Autre ». Fini le temps où l'on disait « Heureux le peuple qui chante et qui danse ». À jamais révolu le slogan qui dit « Heureuse l'Église qui baptise et distribue des visas d'entrée au ciel ». Désormais, nous avons besoin d'une Église qui comprend la misère de l'homme et de l'homme africain et qui bouscule son mental pour l'aider à sortir de l'impasse.

CONCLUSION

On aura vite compris le problème de fond qui a caractérisé la démarche épistémologique du dernier versant de notre méditation : quelle présence d'Église dans un contexte embourbé qui est le nôtre aujourd'hui ? De réponse, nous n'en avons pas, sauf quelques pistes de réflexion et un schéma d'orientation. Sans doute, il nous faut une Église prophétique. Créatrice d'utopie aussi. Et puisqu'une telle tâche ne l'a pas toujours caractérisée jusqu'ici, nous devons, en ces temps d'hésitation qui sont les nôtres, assister et encourager les chemins de conversion d'une Église en quête de pertinence. Bien pourquoi de l'écoute attentive des murmures de l'Afrique, elle doit passer aux actions concrètes et le tout, baigné dans un témoignage de vie sans faille pour demeurer cohérente avec elle-même. Ledit témoignage s'attachera également à penser la mission de l'Église en termes de vie à promouvoir et de mort à affronter et ouvrira finalement le futur africain vers un avenir plein de vie et de promesses.

CONCLUSION GÉNÉRALE

Et s'il faut conclure ?

Nous nous sommes mis en face de la réalité africaine telle qu'elle nous apparaît, exemptée de toute médiatisation occultante ou dramatisante. Nous avons essayé d'en dégager les articulations et les plis. Comme issue, nous l'avons surprise vivre une des plus flagrantes contradictions : la distance sans cesse irréductible et irréversible entre ce qu'elle déclare et croit être la passion pour la vie et ce qu'elle est et vit : la passion de Jésus dans l'histoire.

En Afrique en effet, s'il faut être sérieux avec soi-même, avec les mots qu'on utilise et avec la réalité ambiante et quotidienne, il ne serait pas exagéré de dire que tout, sinon presque tout porte l'ombre de la croix : le politique, l'économique, le culturel, le spirituel, le rationnel et même le relationnel. Il y a là, sommes-nous arrivé à nous en convaincre, de quoi oser défier le réel concret et vécu pour chercher, à travers crépuscule et aurore, les chemins de sortie du tunnel. L'Église, et avec elle l'Évangile dont elle est l'annonciatrice autorisée et mandatée, nous a semblé et nous semble évidemment l'unique instance, dans les temps qui sont les nôtres, sensée, prête et certainement aussi capable de dénouer l'intrigue. Mais avant de s'engager et pour que son engagement soit réaliste et efficace, il lui faut préalablement revoir son chemin, re-définir son être en terre africaine et surtout se re-convertir à celui de qui elle tient sa mission. En douter, c'est n'avoir rien compris et ne rien comprendre de la force subversive et prophétique de l'Église. Du coup, parler de Dieu en Afrique et l'annoncer aux Africains n'est donc pas une aventure de neutralité et de fair-play, disons, de complaisance relevant de la pure recréation ; mais un défi qui se concrétise et doit se concrétiser dans un engagement existentiel qui est, de toute évidence, une véritable traversée du désert. Précisément, c'est là que se situe le vrai débat, le débat continental du christianisme en terre africaine. Un débat, il faut l'avouer qui est en même temps, toute proportion gardée, un véritable procès : procès de l'annonce de Dieu, de ceux qui l'annoncent, de la manière dont il est annoncé, des éventuels destinataires et de la façon dont ils accueillent ce gai message et s'efforcent de le concrétiser dans leur quotidien. En un mot, c'est une question à la fois vitale et délicate que de parler de Dieu aujourd'hui en Afrique. Un défi même.

Par ailleurs, face aux drames, aux injustices, aux angoisses que nous expérimentons au jour le jour en Afrique aujourd'hui de manière on ne peut plus inhumaine, la tentation à la résignation, au désespoir, à un christianisme de façade, verbeux et verbaliste ou à garder silence est grande. Non... Un silence complice n'est pas et n'est plus la voie à choisir. Comme le disait la conférence épiscopale du Congo, alors conférence épiscopale du Zaïre : « Devant des situations d'injustice et violence, le silence explicable, non par la prudence mais par la peur, serait incompatible avec le ministère pastoral[141] ». Oui, notre foi doit nous pousser et nous porter à parler, à annoncer et à dénoncer. Mieux, à annoncer en dénonçant. Aussi, notre parole doit culminer dans la praxis. *J'ai cru, c'est pourquoi j'ai parlé*, voilà le maître-mot d'un christianisme engagé et plein de vitalité.

Du reste, l'Église sera-t-elle africaine ?

Tout à fait. Mais à un seul prix : la fuite de la neutralité. Le temps est donc venu de faire le deuil d'une certaine annonce de Dieu qui n'a rien à voir avec les

---

[141] E. KABANGA SONGA-SONGA, *J'ai cru, c'est pourquoi j'ai parlé*, Éditions du Centre interdiocésain, Lubumbashi, 1995, p. 6.

préoccupations réelles et vitales de l'homme africain. Voilà le pari gagné.

BIBLIOGRAPHIE

DOCUMENTS DU MAGISTÈRE

1. JEAN-PAUL II, *Dix repères pour l'an 2000*. Texte présenté aux Français par le cardinal Paul Poupard, Desclée de Brouwer – J.-C. Lattès, Paris, 1994.
2. PAUL VI, *Evangelii nuntiandi*, Saint-Paul Afrique, Kinshasa, 1987.
3. CONFÉRENCE DE L'ÉPISCOPAT LATINO-AMÉRICAIN, *Construire une civilisation de l'amour*, Le Centurion, Paris, 1980.

LES OUVRAGES DES AUTEURS

1. BAKOLÉ WA ILUNGA, *Chemins de libération*, Éditions de l'Archidiocèse, Kananga, 1978.
2. BIMWENYI KWESHI O., *Discours théologique négro-africain. Problème des fondements*, Présence Africaine, Paris, 1981.
3. BOFF L., *Jésus-Christ libérateur*, Cerf, Paris, 1983.
4. BUJO B., *Dieu devient homme en Afrique. Méditation sur l'incarnation*, Pauline, Kinshasa, 1996.
5. CALVEZ J.-Y., *Foi et Justice. La dimension sociale de l'évangélisation*, Desclée de Brouwer, Paris, 1985.
6. CAMARA H., *Les Conversions d'un évêque. Entretiens avec José de Broucker*, Seuil, Paris, 1977.
7. CHEIKH HAMIDOU KANE, *L'Aventure ambiguë*, Julliard, Paris, 1961.

8. CHEZA M. (éd.), *Le Synode africain. Histoire et textes*, Karthala, Paris, 1996.
9. CHEZA M., *Vivre en chrétien dans le quotidien*, Éditions Archevêché, Lubumbashi, 1991.
10. COSMAO V., *Changer le monde. Une tâche pour l'Église*, Cerf, Paris, 1979.
11. DE LUBAC H., *Dieu se dit dans l'histoire*, Cerf, Paris, 1974.
12. DELUMEAU J., *Ce que je crois*, Grasset, Paris, 1985, p. 109.
13. DESSINGA G. K., *La Mort en procès*, Éd. Porziuncola, Assise, 2004.
14. DESSINGA G. K., *Les Déboires d'un innocent*, inédit, Kolwezi, 2000.
15. EBOUSSI BOULAGA F., *Christianisme sans fétiche. Révélation et domination*, Présence Africaine, Paris, 1992.
16. EBOUSSI BOULAGA F., *La Crise du muntu. Authenticité africaine et philosophie*, Présence Africaine, Paris, 1977.
17. ELA J.-M., *De l'assistance à la libération. Les tâches actuelles de l'Église en milieu africain*, Éditions L'Épiphanie, Kinshasa, 1982.
18. ELA J.-M., *L'Afrique des villages*, Karthala, Paris, 1982.
19. ELA J.-M., *Le Cri de l'homme africain. Questions aux chrétiens et aux Églises d'Afrique*, L'Harmattan, Paris, 1980.
20. ELA J.-M., *Ma foi d'Africain*, Karthala, Paris, 1985.
21. ELA J.-M. et LUNEAU R., *Voici le temps des héritiers*, Karthala, Paris, 1987.
22. ELA J.-M., *Repenser la théologie africaine. Le Dieu qui libère*, Karthala, Paris, 2003.

23. ELLUL J., *La Foi au prix du doute. « Encore quarante jours... »*, Hachette, Paris, 1980.
24. ETCHEGARAY R., *J'avance comme un âne...*, Fayard, Paris, 1984.
25. FANON F., *Les Damnés de la terre*, Maspero, Paris, 1961.
26. GARAUDY R., *Vers une guerre de religion ? Le débat du siècle*, Desclée de Brouwer, Paris, 1995.
27. GESCHÉ A., *Dieu pour penser VII. Le sens*, Cerf, Paris, 2003.
28. GUELLY R., *Vie de foi et tâches terrestres*, Casterman, Tournai, 1960.
29. GUILLOU (LE), *Du scandale du mal, à la rencontre de Dieu*, Saint-Paul, Paris-Fribourg, 1991.
30. GUTIÉRREZ G., *Le Dieu de la vie*, Cerf, Paris, 1986.
31. GUTTIÉREZ G., *Théologie de la libération. Perspectives*, Lumen Vitae, Bruxelles, 1974.
32. HEBGA M., *Dépassements*, Présence Africaine, Paris, 1978.
33. ILUNGA KAYOMBO B., *Les Chemins de la liberté*, Éditions Don Bosco, Lubumbashi, 2000.
34. ILUNGA KAYOMBO B., *Pleure ô pays ou Les Naufragés de l'histoire*, L'Harmattan, Paris, 1997.
35. JOINET B., *Les Africains m'ont libéré*, Cerf, Paris, 1985.
36. KÄ MANA, *L'Afrique va-t-elle mourir ?*, Cerf, Paris, 1991.
37. KABANGA SONGA-SONGA E., *J'ai cru, c'est pourquoi j'ai parlé*, Éditions du Centre interdiocésain, Lubumbashi, 1995.
38. KABASELE LUMBALA F., *Rencontre Nord-Sud, une graine d'Évangile*, Baobab, Kinshasa, 1996.
39. KANE C. H., *L'Aventure ambiguë*, Julliard, Paris, 1961.

40. KODJO E., ... *Et demain l'Afrique*, Stock, Paris, 1986.
41. KÜNG H., *Pourquoi suis-je toujours chrétien ?*, Le Centurion, Paris, 1988.
42. LABOU TANSY S., *La Vie et demie*, Seuil, Paris, 1979.
43. LEFEBVRE P., *Une Route d'espérance*, Saint-Paul Afrique, Kinshasa, 1978.
44. LOKELA J., *Mon village se meurt*, Inédit, Kole, 2005.
45. LUFULUABO F., *Valeur des religions africaines selon la Bible et selon Vatican II*, Saint-Paul Afrique, Kinshasa, 1967.
46. LUNEAU R., *Laisse aller mon peuple*, Karthala, Paris, 1987.
47. MALEMBA N'SIKALA M., *Enfant de la rue. Le sans et le hors famille*, Presses universitaires de Lubumbashi, Lubumbashi, 2003.
48. METOGO ELOI MESSI, *Théologie africaine et Ethnophilosophie*, L'Harmattan, Paris, 1985.
49. MOLTMANN J., *Théologie de l'espérance*, Cerf-Mame, Paris, 1970.
50. MOSMANS G., *L'Église à l'heure de l'Afrique*, Casterman, Tournai, 1961.
51. MOTTU H., *Dietrich Bonhoeffer*, Cerf, Paris, 2002.
52. MOUSSÉ J., *L'Espérance des hommes*, Les Éditions ouvrières, Paris, 1963.
53. MUDIMBÉ V. Y., *Entre les eaux. Dieu, un prêtre, la révolution*, Présence Africaine, Paris, 1973.
54. MUNIMA MASHIE G., *Prêtre prisonnier de la tribu*, Éd. Baobab, Kinshasa, 1996.
55. MVENG E. (dir.), *Spiritualité et libération en Afrique*, L'Harmattan, Paris, 1987.
56. NEUSCH M., *Les chrétiens et leur vision de l'homme*, Seuil, Paris, 1980.

57. Nzuzi Bibaki, *Culture noire-africaine et réflexes inculturateurs*, Baobab, Kinshasa, 1999.
58. Péan P., *L'Argent noir. Corruption et sous-développement*, Fayard, Paris, 1988.
59. Pénoukou E.-J., *Églises d'Afrique. Propositions pour l'avenir*, Karthala, Paris, 1984.
60. Philips G., *Pour un christianisme adulte*, Casterman, Paris, 1963.
61. Rahner K., *Le Courage du théologien*, Cerf, Paris, 1985.
62. Reding J., *Recherche de sens et évangélisation dans une société morcelée*, Éditions ouvrières, Bruxelles, 1992.
63. Rougier S., *Aime et tu vivras*, Cana, Paris, 1986.
64. Santa Ana (De) J., *L'Église de l'autre moitié du monde. Les défis de la pauvreté et de l'oppression*, Karthala, Paris, 1981.
65. Seumois A., *Théologie missionnaire IV. Église missionnaire et facteurs socioculturels*, Rome, 1983.
66. Tempels P., *La Philosophie bantoue*, Présence Africaine, Paris, 1949.
67. Templier J., *Pratique militante et parole d'Église*, Le Centurion, Paris, 1975.
68. Tunc A., *Dans un monde qui souffre*, Fayard, Paris, 1962.
69. Voillaume R., *La Contemplation aujourd'hui*, Cerf, Paris, 1971.
70. Wackenheim C., *Christianisme sans idéologie*, Gallimard, Paris, 1974.
71. Wresinski J., *Heureux vous les pauvres*, Cana, Paris, 1985.
72. Xhaufflaire M. (dir.), *La pratique de la théologie politique. Analyse critique des conditions*

pratiques de l'instauration d'un discours chrétien libérateur, Casterman, Tournai, 1974.
73. ZIEGLER J., *Main basse sur l'Afrique. La recolonisation*, Seuil, Paris, 1980.

ARTICLES

1. AKONO F.-X., « L'effervescence religieuse en Afrique : une crise du sens existentiel ? », in *Telema*, n° 105, janvier-mars, 2001, p. 13-21.
2. BAKOLE WA ILUNGA, « Discours d'ouverture », in *Crise morale et vie économique au Zaïre, Actes de la deuxième rencontre des moralistes zaïrois*, Kinshasa, du 11 au 16 novembre 1985, p. 11-17.
3. BOUEKASSA J., « Sectes au Congo : causes et pastorales », in *Spiritus*, n° 115, 1964, p. 163-176.
4. LONGCHAMP A., « Mondialisation : le nouveau nom du développement ? », in *Congo-Afrique*, n° 333, mars 1999, p. 132-147.
5. MILET J., « Le problème de Dieu en notre temps », in *Le Monde moderne*, 15, 1977, p. 93-136.

TABLE DES MATIERES

INTRODUCTION 5

CHAPITRE I : UN CONTINENT EN PLEINE MUTATION 11
  Introduction 11
  Un rendez-vous manqué ? 11
  Une civilisation de l'anathème : essai d'autopsie 14
    Pesanteurs politiques 14
    Pesanteurs religieuses 17
    Pesanteurs psychologiques et morales 19
    Pesanteurs culturelles 21
    Pesanteurs économiques 23
  Les nouveaux lieux d'interrogation 26
    L'Éclipse du sens ? 27
    Le relativisme triomphant ou le triomphe du relativisme ? 30
    Quand le village cède le pas à la ville 32
    Une Afrique recolonisée et surexploitée 35
  Quelle que soit la durée de la nuit… 38
  Conclusion 40
  Que conclure ? 40

CHAPITRE II : LES ENJEUX DE L'ANNONCE DE DIEU EN AFRIQUE 43
  Introduction 43
  Quel Dieu dire ? 43
    Un Dieu mal dit ? 44
    Le Dieu des majuscules répétitives ? 47
  Voici le temps favorable 48
  L'annonce de Dieu à l'heure de l'information et non du rappel 50
  Quelques enjeux majeurs 52
    Re-situer Dieu du côté des pauvres 52

Annoncer le Dieu qui libère 54
Proclamer le Dieu de la vie 57
Présenter le Dieu de l'espérance et de l'avenir 60
Briser le silence de la peur 64
Conclusion 66

CHAPITRE III : POUR DES LENDEMAINS QUI ENCHANTENT 67
  Introduction 67
  Redécouvrir la dimension historique de la révélation .. 67
  Quelques impératifs existentiels 68
    Un nouveau style de la mission ? 68
    Une foi qui écoute 71
    Binôme évangélisation – développement 73
    Apprendre à rendre compte de l'espérance qui est en nous 76
  La culture de la désobéissance 78
  Repenser la prière et notre manière de prier 80
  Une éthique de la vie 83
  Église d'Afrique : mystère de la présence 85
    Quelle présence d'Église ? 85
    À quand une Église vraiment prophétique en Afrique ? 90
CONCLUSION 97

CONCLUSION GÉNÉRALE 99

BIBLIOGRAPHIE 103

Du même auteur

Dans la collection *Mon Petit Éditeur*

La Révolution du bon sens (essai, Mon Petit Éditeur, 2014)

Manifeste de l'émergence africaine (essai, Mon Petit Éditeur, 2016)

Karl Popper ou le rationalisme pluraliste (essai, Mon Petit Éditeur, 2017)

Nouvelles Perspectives de la démocratie en Afrique (essai, Mon Petit Éditeur, 2017)

Autour de l'émergence africaine (collectif – essai, Mon Petit Éditeur, 2017)

La Responsabilité du temps perdu (essai, Mon Petit Éditeur, 2018)

J'enseigne, mais comprennent-ils ? (essai, Mon Petit Éditeur, 2018)

Dans la Collection « Connaissances et Savoirs »

L'athéisme est un humanisme (essai, Connaissances et Savoirs, 2019)

Introduction périodique à la philosophie (essai, Connaissances et Savoirs, 2020)

La Connaissance comme problème philosophique (essai, Connaissances et Savoirs, 2020)

Faillibilisme et Déconstruction (essai, Connaissances et Savoirs, 2020)

Leçons sur l'histoire de l'épistémologie (essai, Connaissances et Savoirs, 2021)

Éloge de la faiblesse. Essai sur la théorie de la connaissance de Karl Popper (essai, Connaissances et Savoirs, 2022)
Repenser le mythe de la chute de l'homme. Essai sur le faillibilisme de Karl Popper (essai, Connaissances et Savoirs, 2022)

Chez *Publibook*

Introduction à la philosophie contemporaine (essai, Publibook, 2019)

Autour de la rupture (collectif – essai, Publibook, 2019)

Chez *L'Harmattan*

Manifeste de la renaissance africaine (essai, L'Harmattan, 2013)

Et si l'Afrique n'aimait pas la démocratie ? (essai, L'Harmattan, 2013)

La Fin des certitudes (essai, L'Harmattan, 2015)

Éloge de la dissidence (essai, L'Harmattan, 2018)

Penser l'humain aujourd'hui (essai, L'Harmattan, 2018)

Regards croisés sur la citoyenneté (avec Michel Émile Mankessi, L'Harmattan, 2019)

Ma passion d'Africain (essai, L'Harmattan, 2020)

Démocraties au four et au moulin (essai, L'Harmattan, 2020)

Lettre ouverte à l'Afrique soixantenaire (essai, L'Harmattan, 2020)

Karl Popper. Une épistémologie de la précarité et du combat (essai, L'Harmattan, 2022)

Darwinisme épistémologique. Essai sur l'eugénisme méthodologique de Karl Popper (essai, L'Harmattan, 2022)

Chez *Médiaspaul*

Germaine le choix de ma vie (roman, Médiaspaul, 2007)

Chez *Édilivre*

Entre la persévérance et l'abandon (roman, Édilivre, 2012)

Étranger parmi les siens (roman, Édilivre, 2013)

Structures éditoriales
du groupe L'Harmattan

L'Harmattan Italie
Via degli Artisti, 15
10124 Torino
harmattan.italia@gmail.com

L'Harmattan Hongrie
Kossuth l. u. 14-16.
1053 Budapest
harmattan@harmattan.hu

L'Harmattan Sénégal
10 VDN en face Mermoz
BP 45034 Dakar-Fann
senharmattan@gmail.com

L'Harmattan Congo
219, avenue Nelson Mandela
BP 2874 Brazzaville
harmattan.congo@yahoo.fr

L'Harmattan Cameroun
TSINGA/FECAFOOT
BP 11486 Yaoundé
inkoukam@gmail.com

L'Harmattan Mali
ACI 2000 - Immeuble Mgr Jean Marie Cisse
Bureau 10
BP 145 Bamako-Mali
mali@harmattan.fr

L'Harmattan Burkina Faso
Achille Somé – tengnule@hotmail.fr

L'Harmattan Togo
Djidjole – Lomé
Maison Amela
face EPP BATOME
ddamela@aol.com

L'Harmattan Guinée
Almamya, rue KA 028 OKB Agency
BP 3470 Conakry
harmattanguinee@yahoo.fr

L'Harmattan Côte d'Ivoire
Résidence Karl – Cité des Arts
Abidjan-Cocody
03 BP 1588 Abidjan
espace_harmattan.ci@hotmail.fr

L'Harmattan RDC
185, avenue Nyangwe
Commune de Lingwala – Kinshasa
matangilamusadila@yahoo.fr

Nos librairies
en France

Librairie internationale
16, rue des Écoles
75005 Paris
librairie.internationale@harmattan.fr
01 40 46 79 11
www.librairieharmattan.com

Librairie des savoirs
21, rue des Écoles
75005 Paris
librairie.sh@harmattan.fr
01 46 34 13 71
www.librairieharmattansh.com

Librairie Le Lucernaire
53, rue Notre-Dame-des-Champs
75006 Paris
librairie@lucernaire.fr
01 42 22 67 13